史料で読む庶民の暮らし

幕末女性の生活

日記に見るリアルな日常

村上紀夫

創元社

主な登場人物

【『日知録』関連】

峯《みね》　『日知録《にちろく》』の筆者。和歌山の質商森屋九代目六兵衛の妻。

六兵衛　峯の夫、婿養子。

松之助　六兵衛と峯の子、長男。

【『小梅日記』関連】

川合小梅《かわいこうめ》　『小梅日記』の筆者。川合鼎《かなえ》の娘。

川合梅所《ばいしよ》**（豹蔵**《ひようぞう》**）**　川合小梅の夫。梅本家から川合家婿養子となる。

岩一郎（雄輔）　小梅の子、のち川合家の家督を継ぐ。

菊江　雄輔の娘、小梅の孫。

【『（滝沢）路女日記』関連】

路《みち》　『（滝沢）路女日記』の筆者。医師土岐村元立《ときむらげんりゅう》の次女。滝沢宗伯《そうはく》の妻。

曲亭馬琴（滝沢解）　戯作者。路の義父。

滝沢宗伯　路の夫。医師となるも天保六年（一八三五）死去。

　太郎（興邦）　路と宗伯の子、滝沢家長男。持筒《もちづつ》同心。

　つぎ　路の娘。清右衛門の養女となる。

　さち　路の娘。兄の太郎死後、婿を迎え滝沢家を継ぐ。

　小太郎（順蔵）　太郎の死後さちの婿に迎えられるも離縁。

　吉之助　さちの婿。滝沢家の家督を継承。

　倉太郎　さちと吉之助の子。

　さき　宗伯の姉、路の義姉。元飯田町清右衛門妻。

　清右衛門　馬琴長女さきの夫。元飯田町の蠟燭《ろうそく》商。

山本半右衛門　太郎の持筒同心仲間。太郎見習時の師匠役。

深田長次郎（大次郎）　滝沢家近所の持筒同心仲間。のち大次郎と改名。

　よし　長次郎の姉。路・さちと家族同然の付き合い。

加藤新五右衛門　紀州藩久野家の家臣。

岩井政之助　滝沢家隣人、持筒同心。

梅村直記　持筒同心。

伏見庫太郎（伏見氏）　持筒同心、滝沢家南隣。

林猪之助　持筒同心、滝沢家隣人、妻は路を目の敵《かたき》にする。

松村儀助　持筒同心。

坂本順庵　紀州藩医。

【『サク女日記』関連】

サク　『サク女日記』の筆者。河内国古市《ふるいち》の商家種屋《たねや》の娘。

平右衛門　サクの父。種屋の当主だが、病気のため療養中。

あい　サクの母、平右衛門の妻。

格之助（平三郎）　サクの元夫。種屋の婿養子となるも離縁される。

中栄介　種屋の通い番頭。

装丁・組版　寺村隆史

幕末女性の生活　目次

第二章 事件と災害

第四章　家族と女性の一生

はじめに——近世女性の日記から

峯《みね》の憂鬱《ゆううつ》

ここのところ気になることもあって、イライラしているからしばらくは仕事しない!! 自身の日記にこう書いたのは、当時十九歳（満年齢）になる質屋六兵衛の妻、峯だ（『日知《にち》録《ろく》』寛政三年十一月二十六日）。

峯は、それまで毎日のように縫い物をしており、前日も生地《きじ》の裁断（「裁《た》ち物」）をしていた。だが、今日は「遊んですごす！　二、三日は縫い物なんかしないぞ」というわけだ。彼女は、この日はお昼前に外出し、灸《きゆう》を据えてもらっているが、これはリフレッシュのためだろうか。とはいえ、この日は少し後ろめたい気持ちもあったのか、夜には少しだけ「ぬいもの」をしている。

しかし、気持ちが晴れることはなかったようだ。翌二十七日になっても、気がかりなことがあり、「むしや〳〵」しているので遊んでいた。さらに二十八日も「心かゝりむしや〳〵致《いたし》遊び候《そうろう》」と日記に書き記している。

次の日、晦日《みそか》の記事はわずかに「今日も気分が晴れない。そのため仕事をしないで遊んでいた。四つ時に寝た」と午後十時に寝たことしか書いていない。本当に、この日は何もせずにいたのだろう。

何があったのかはわからないが、峯のささやかなストライキは四日間で終わりを告げ、そして十二月になってからは、再びいつものように「今日も縫い物をした」と書かれるようになる。峯の心の中では、何か小さな変化があったのだろう。

小さな事実の発見

学問としての歴史学は、高校までの暗記中心の歴史とは大きく違う。まずは自分で問いを立て、それに対して史料に基づいて実証的に答えを出していくことが、学問としての歴史学である。研究をするために史料を読む。そこでは、とにかく問いに答えるという目的があり、ある特定のできごとに関連する記事や語彙《ごい》、手がかりを探して、大量の史料をめくっていくことになる。

そんな作業をしているなかで、はっとさせられたり、なんだか気にかかってしかたがないような、心を動かされる記述を目にすることがある。例えば、冒頭に挙げたような若い主婦、峯のストライキなどは、くわしいことはわからないけれど、そこからは書き手のどうしようもない苛立《いらだ》ちが伝わってくる。こういう記事に出会うと、史料を通して、過去に確かに生きていた峯の内面に触れたような、不思議な気持ちになってしまう。

もちろん、この峯の「むしや〳〵」などは、歴史的な大事件とは関係のないささやかな心の動きにすぎない。しかし、峯がこうしたことを自身の日記に書き留めるという行為をしていなかったならば、永遠に忘れられ、失われてしまうような小さな心の揺らぎだろう。

現在の私たちだって、今日はもう何もしたくない！　と思ってしまうことはしばしばあって、二百五十年近い時を隔てているにもかかわらず、ささやかな「決意」をした峯には、親しみがわかないだろうか。このような小さな事実との出会いが、史料を読むことの本当の面白さなのだと思う。

そこで、本書ではそうした小さな発見と出会いを求めて、いくつかの史料とじっくりと向き合ってみたい。取り扱う素材として、本書では歴史上の著名人や有力者などではなく、峯のような、江戸時代後期の市井《しせい》に生きた女性による日記を選んでみた。

視点が変われば

高校の歴史教科書を手に取って索引を見てみればわかることだが、教科書の登場人物は、圧倒的に男性で、かつ権力者が多い。そして、時代が「奈良時代」「平安時代」「鎌倉時代」「室町時代」「江戸時代」などと、その時の政権の所在地で呼ばれているように、「歴史」の舞台となっているのは、ほとんどが政治の中心地である。しかし、歴史は、政権所在地で男性の権力者のみによって営まれていたわけではあるまい。

もちろん、学問としての歴史学の世界では、地域史・女性史・民衆生活史など、その研究対象は拡大しており、多くの貴重な事実が明らかになっている。にもかかわらず、高校までの歴史教科書では、そうした研究成果が十分に反映されているとはいい難い。

それは、多くの史料が歴史の舞台となる政治の中心地の周辺で、男性によって書かれてきたものだからだろう。歴史研究をするための手がかりとなるのが史料だから、どうしてもこれまでの歴史の多くは、史料を書き残した男性の視点から書かれるものになる。

扱う史料の書き手が変われば、同じ歴史上のできごとだって違って見えてくるはずだ。だから、庶民女性の日記からは、高校までの「歴史」の授業で学ぶ、主に男性の権力者による政争や事件中心の「歴史」とは、また違った過去が浮かび上がってくることだろう。例えば、ご近所との日常的な付き合いであったり、家族や親族との交流、年中行事などだ。時には、個人の意思よりも家の存続が優先される場面など、男性の視点からは覆い隠されがちな、負の側面が浮かび上がってくることもあるだろう。

大塩平八郎の乱やペリー来航のように、教科書に載っているような歴史的な事件さえも、彼女たちの目を通して見れば、いくらか違って見えてくるのではないかと思う。

史料の書き手

朝廷に仕えた女房たちをのぞけば、江戸時代においても女性の手による日記はそれほど多いわけではない。そうしたなか、わずかながら、江戸時代に自ら筆をとって、自身の言葉で日記を書いた女性がいる。本書では、こうした女性たちの日記を対象として読み進めていきたい。まずは、日記を書き残した四人の女性を簡単に紹介しておこう。

峯《みね》（一七七一～一八二八）峯は、和歌山城下の橋丁《はしちょう》で代々質屋「森屋」を経営していた沼野家の九代目六兵衛の妻。父は八代目六兵衛で、天明五年（一七八五）に婿養子を迎え、長男松之助をもうけている。

彼女は『日知録《にちろく》』と題した寛政三年（一七九一）と文政八年（一八二五）の日記を二冊遺《のこ》している。現存するのは二冊にすぎないが、希少な庶民女性の日記のなかでも比較的早い時期のものであり、その点でも貴重である。寛政三年には、家族で金魚の飼育に熱中している。沼野家末裔《まつえい》の家に伝わるもので、全文が『和歌山市史』第五巻「近世史料Ⅰ」に活字化されている。

川合小梅《かわいこうめ》（一八〇四～一八八九）紀伊国（現・和歌山県）和歌山藩の学校、学習館の助教であった川合鼎《かなえ》の子として生まれる。漢学や絵、和歌を学び、川合家に養子として迎えられた梅本修（後に川合梅所《ばいしょ》）と結婚した。梅所は督学《とくがく》（学習館の校長）もつとめる。小梅は、十六歳から日記を書きはじめたといわれ、天保八年（一八三七）から明治十八年（一八八五）まで、かなりの量の日記が残されている。

　嘉永二年（一八四九）以降の八年分と明治九年（一八七六）以降の七年分が『小梅日記』（全三巻）として志賀裕春・村田静子の校訂で平凡社の東洋文庫に活字化されている。この十四冊は、小梅の曾孫《ひまご》にあたる志賀裕春氏から和歌山県立図書館に寄贈されており、県立図書館のホームページ「デジタルアーカイブ」で写真も公開されている。このほか、平凡社東洋文庫に未収録の天保八年、弘化五年（一八四八）の二年分は、『和歌山県史』「近世史料二」に翻刻されており、全文を読むことができる。

　記録には残念ながら欠落もあるが、長期間にわたって書き続けられており、幕末から明治にかけての和歌山城下での日常生活に加えて、大塩平八郎の乱やペリー来航、ええじゃないかなどの歴史的な事件も書き留められている。

【川合家本書関係略系図】

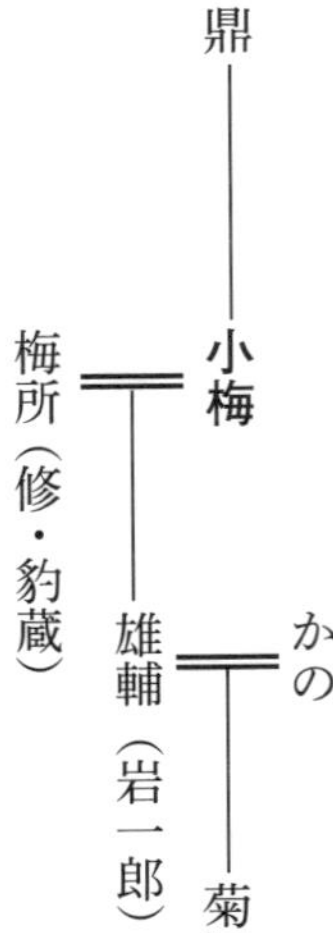

　路《みち》（一八〇六～一八五八）　路は、医師土岐村元立《ときむらげんりゅう》の次女で、文政一〇年（一八二七）に二十二歳で医師の滝《たき》

沢宗伯《ざわそうはく》に嫁いだ。宗伯は『南総里見八犬伝』などの作品で知られる戯作者《げさくしゃ》の曲亭馬琴（滝沢解《とく》）の息子。路は夫の宗伯との間に、太郎（興邦《おきくに》）・つぎ・さちをもうけたが、宗伯は天保六年（一八三五）に死去している。その十四年後、子の太郎も二十二歳の若さで没している。

路は、失明した晩年の馬琴が口述する言葉を書き留めて、その執筆を助けた。馬琴の『南総里見八犬伝』のダイジェスト版『かな読み八犬伝』の第十七編から二十七編も曲亭琴童《きんどう》の名で執筆している（初編から十六編までは二世為永春水《ためながしゅんすい》）。

記録魔の馬琴は日記をずっと書いていたが、馬琴の死後は路が引き継いで自ら日記を綴った。路の日記は、嘉永二年（一八四九）から安

【滝沢家本書関係略系図】

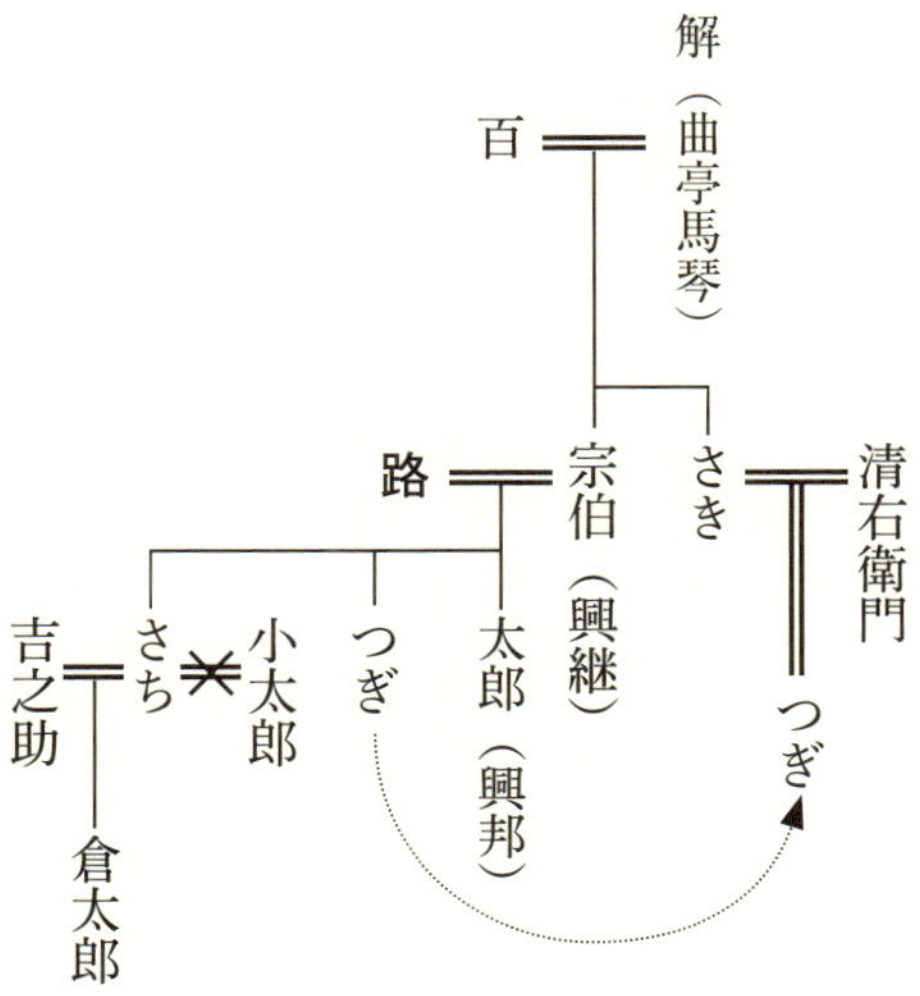

政五年（一八五八）まで、一部欠落があるが全十冊にわたっている（安政四年分を欠く）。娘のさちや息子の太郎らとの暮らしや年中行事、太郎の死、持筒《もちづつ》同心仲間や隣近所との交流やトラブル、安政地震、さらに飼い猫の仁助のことなど、多岐にわたる内容が詳細に記録されている。死の直前まで、自ら筆を執って日記を書き続けた。

路の日記は、天理図書館に寄託されており、木村三四吾《きむらみよご》の翻刻が天理図書館刊の『ビブリア』に連載されていた。後に嘉永五年（一八五二）までの前半部のみが『路女日記』として木村三四吾により私家版で刊行された。その後、全文が『瀧澤路女日記』全二巻として中央公論新社から刊行され、通読することができるようになった。

サク（一八四二〜一八六二）　サクは、河内国の農村部で町場となっていた古市《ふるいち》の新興商家の娘。穀物や塩などを扱う種屋《たねや》を営む西谷家の三代目平右衛門《へいえもん》の長女として生まれた。西谷家には男子がいなかったため格之助《かくのすけ》（平三郎と改名）をサクの婿として迎えるが、格之助は問題を起こして西谷家から離縁される。父の平右衛門も病気で床に伏せっていたため、サクは事実上の当主として西谷家を背負っていく。奮闘する十九歳のサクが書いた、安政七年（一八六〇）の日記が残されている。サクは、番頭の中栄介のサポートを得て切り盛りする日々の商売のほか、格之助との離縁をめぐるやりとり、年中行事や各種の贈答などを淡々と書き留める。日記は、『羽曳野市史』第五巻「史料編三」に活字化されている。

本書の主人公となるこの四人は、いずれも、在郷町や和歌山城下で暮らす町人、下級武士の妻など、庶民、あるいはそれに近い生活をしていたと考えてもさしつかえのない人びとである。馬琴の子に嫁《とつ》いだ路はともかくとしても、彼女たちが自ら筆をとって日記を書き、後世の人の手で史料が現在まで伝えてこられなかったなら、その言葉は歴史に埋もれてしまっていたことだろう。

だからこそ、残された彼女たちのその言葉は、たとえ他愛ないつぶやきであったとしても、ひとつひとつが貴重なものだといえる。

【西谷家（種屋）本書関係略系図】

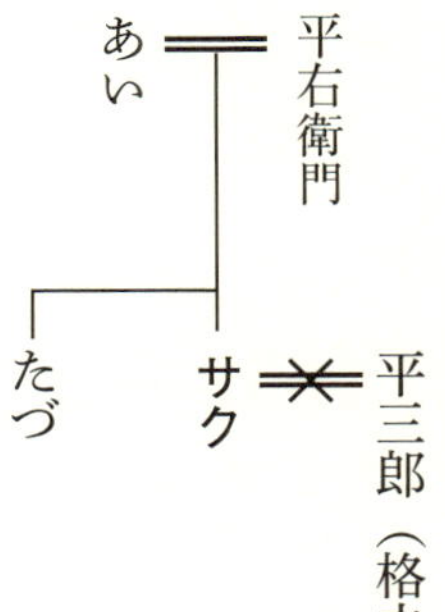

女性日記略年表

和暦	西暦	事項	峯（年齢）	小梅（年齢）	路（年齢）	サク（年齢）
明和八年	一七七一	十二月十一日　峯が沼野家八代目六兵衛長女として誕生	1			
安永元年	一七七二	種屋初代平右衛門が河内国古市で商売を始める	2			
天明五年	一七八五	和歌山の峯、九代目六兵衛を婿に迎える	15			
寛政三年	一七九一	峯、金魚飼育を始める（第二章）	21			
文化元年	一八〇四	十一月　川合鼎の子として小梅誕生	34	1		
文化三年	一八〇六	六月六日　土岐村元立の子として鉄（路）が誕生	36	3	1	
文化十四年	一八一七	九月十四日　峯の夫、六兵衛死去	47	14	12	
文政十年	一八二七	三月二十七日　土岐村元立の子、鉄が滝沢宗伯と結婚、路と改名	57	24	22	
文政十一年	一八二八	二月二十一日　路と宗伯に長男太郎誕生 八月十二日　峯死去	58	25	23	
天保元年	一八三〇	閏三月十八日　路と宗伯に長女つぎ誕生		27	25	
天保二年	一八三一	二月　路の子、つぎ、太郎が疱瘡にかかる（第四章）		28	26	
天保四年	一八三三	八月十七日　路と宗伯に次女のさち誕生		30	28	
天保六年	一八三五	五月八日　路の夫、宗伯死去		32	30	
天保八年	一八三七	二月十九日　大坂で大塩平八郎蜂起、小梅が記録（第三章）		34	32	
天保十三年	一八四二	二月三日　サク誕生		39	37	1
嘉永元年	一八四八	六月十二日　滝沢家で猫の仁助生まれる（第二章） 十一月六日　路の義父、戯作者の曲亭馬琴死去		45	43	7

嘉永二年	一八四九	十月九日　路の子、太郎が死去（第四章）		46	44	8
嘉永三年	一八五〇	三月二十日　路の子さち、小太郎を婿養子に迎える（第四章） 七月十五日　太郎の初盆を迎える（第一章）		47	45	9
嘉永四年	一八五一	二月二日　路の子、さちが小太郎と離縁する 四月三日　四谷で大火発生、滝沢家一時避難（第三章） 六月二十八日　路の子、さちが吉之助を婿に迎える		48	46	10
嘉永六年	一八五三	二月六日　路の子、さちが倉太郎出産（第四章） 六月三日　ペリー浦賀来航。小梅らが日記に記す（第三章） 十二月十四日　滝沢家の猫仁助が出て行く（第二章）		50	48	12
安政元年	一八五四	正月十六日　ペリーが神奈川沖に再来航 三月三日　日米和親条約締結 十一月四日　安政東海地震発生（第三章）		51	49	13
安政二年	一八五五	十月二日　江戸で安政大地震が発生（第三章）		52	50	14
安政五年	一八五八	八月十七日　路死去		55	53	17
安政六年	一八五九	三月三日　小梅の孫、菊江の初節句（第一章） 三月二十六日　小梅の孫、菊江の種痘をする（第四章）		56		18
万延元年	一八六〇	サク、日記を記す 三月三日　桜田門外で大老井伊直弼が暗殺される		57		19
文久二年	一八六二	六月二十三日　サク、麻疹にて死去 二月十一日　将軍家茂と和宮の婚儀が行われる		59		21
慶応元年	一八六五	五月十二日　第二次長州征討先鋒に紀州藩主徳川茂承を任じる		62		
慶応三年	一八六七	十一月二十日　和歌山でお札降り、ええじゃないか（第三章）		64		

※年齢は数え年で表記した

第一章

一年

——季節と年中行事

江戸時代の日記には、書き手の性別や身分にかかわりなく、必ずといっていいほど天候が書かれている。それも、晴雨だけでなく、天候の急変や暑さ・寒さなどを詳細に書いていることも少なくない。季候が作物の豊凶に直結し、物価の変動をもたらし、時には饑饉《ききん》などの深刻な被害をもたらすこともあった。江戸時代の人びとは、現代よりもずっと季候や季節の移りかわりに敏感だったようだ。

また、その一年は節目ごとの年中行事で区切られていた。ここでは、江戸時代に生きた女性たちの一年を見ていくことにしよう。

正月と節分

年越しの準備

嘉永三年（一八五〇）の師走、滝沢家は年越しの準備を進めていた。

滝沢家では、戯作者《げさくしゃ》として長きにわたって活躍してきた馬琴が、嘉永元年（一八四八）十一月六日に死去した。翌二年（一八四九）十月九日には、滝沢家の跡取りで、馬琴の孫にあたる太郎も二十二歳（満二十一歳）の若さで没している。二年続いた不幸ごとのため、滝沢家では嘉永二年、三年とも新年は簡略に行うだけだった。だから、嘉永四年（一八五一）の新年は久しぶりに家族で祝うお正月ということになる。

江戸の年中行事について書かれた『東都歳事記《とうとさいじき》』によれば、十二月の二十五日頃から、広場などに仮設の店舗が設けられ、松・竹、正月飾りに使う歯朶《しだ》や海老《えび》、干し柿などを売るようになる。また、鮭《さけ》や鱈《たら》、梅や福寿草、さらに八重桜《やえざくら》なども販売される。旧暦の十二月末なら、今の一月下旬頃である。早くも八重桜が売られているのには驚くが、史料には「室咲《むろざ》き」とあるから、一種の温室栽培が行われていたようだ。歳末の江戸では、こうした店舗が賑《にぎ》やかに建ち並んで、盛んに客を呼び込み、活気にあふれていたことだろう。

滝沢家では、路《みち》の娘であるさちが、十二月二十五日、知人の深田長次郎が平川天神の市へ買い物に行くというのを聞きつけ、自分も一緒に行きたいといいだした。天保四年（一八三三）生まれのさちは、この時は満年齢で十七歳。さちは家にじっとしているよりも、歳末の賑やかな町へ行きたかったのだろう。

そこで、路は買い物代としてさちに金二朱を渡した。二朱といえば、京都や大坂では上客が宿泊するような旅籠《はたご》屋の代金とほぼ同額だから、ちょっとした金額である。さちの帰宅は午後八時頃。金二朱のうち、買い物に使ったのは三百四十文、残りは三百四十四文だから、半分くらいは買い物に使ったようだ。さちは、歳末の市で買い物を楽しんだことだろう。

大掃除と松飾り

ところが、歳末の市で雑踏のなかを歩いたせいか、二十六日からさちは風邪をひいてしまった。風邪の初期症状に効く漢方薬の桂枝湯《けいしとう》を飲んだが、あまり効果はなかったようだ。二十七日には寝込んでしまうことになった。

滝沢家では年越しの準備に追われていたが、さちが寝込んでいるので、手が足りず、いっそう忙しくなっていた。昼過ぎには、深田長次郎に頼んでおいた門松に使う松も届いた。そんななかにあって、滝沢家の跡取りであった太郎の死後、さちの婿養子となって滝沢家を継いでいた小太郎は、午後から出かけて夕方まで帰ってこなかった。しかし、滝沢家の路は、年越しの準備は家族に任せて、のんびり火鉢にあたり、「何事も致《いた》さず」という貫禄を示す。『東都歳事記』によれば、たいていの家では二十八日には門松を立て、注連飾《しめかざ》りをしたというから、年越しの準備は二十八日までに終わらせるものだったのだろう。さちの夫として滝沢家の婿養子に迎えられていた小太郎は、この日は早出の当番にあたっており、早朝から出勤。滝沢家は、馬琴が持筒同心《もちづつ》という幕府の鉄炮を預かる御家人《ごけにん》の株（武士身分）を多額の金を出して買っており、滝沢家の婿養子となっていた小太郎は定期的に御用をつとめなければならない。小太郎は同僚の深田長次郎たちと一緒に勤め先に向かい、帰ってきたのは午後四時頃であった。

さちの風邪もようやく回復の兆しを見せ、少しは起きて動けるようになったようだ。滝沢家では、小太郎が仕事に出かけているあいだに障子の張り替え、神棚や仏壇の掃除、行灯《あんどん》の貼り替えなどを行っている。大掃除というわけだ。二十八日には間に合わなかったが、二十九日には松飾りも終えることができている。そして、神棚などに餅《もち》を供え、仏具もきれいに磨き上げて、新年を迎えるすべての準備を無事に終えることができた。

滝沢家のお正月

こうして迎えた嘉永四年（一八五一）の元日。この日は「晴れ」。幸先のいい一年のはじまりとなった。

雑煮《ぞうに》餅を食べて新年を祝うと、滝沢小太郎は礼服に着替えて上司をはじめ、同僚たちに新年のあいさつ回りをするために、慌ただしく出かけていった。この日、滝沢家に年始のあいさつに来たのは三十人にのぼる。馬琴以来の付き合いが続いている人たちも多かっただろう。

午後二時過ぎから、滝沢家と同じ持筒同心をつとめる深田長次郎夫婦、さち夫婦などが集まり、歌かるたをしている。煎茶や菓子も出され、大勢でお正月の一日を楽しんだようだ。

二日の朝は雑煮餅、お昼は一汁三菜、夕飯では福茶という正月などに飲む縁起物のお茶を飲んでいる。この日も二十三人もの人があいさつに来た。そのうち十一名は「門礼」というから、玄関先でのあいさつだけだったようだが、あとの十二名はおそらくあがり込んでのあいさつだろうから、茶菓を出すなど、路も気を遣ったことだろう。

三日も雑煮餅を食べ、来客とともに歌かるたを楽しむ。煎茶、串柿、ミカンでもてなし、楽しい一日を過ごしていた。……と思いきや、この日はちょっとした事件が発生している。

午後四時頃に、加藤新五右衛門という人物が泥酔してやってきた。年始のあいさつ回りで、訪問していた山本悌三郎のところで大盃で酒を勧められ、すっかり飲みすぎてしまったよう

図1-1　江戸時代の武家屋敷の正月風景。奥には玄関先で回礼をしている人とそれを迎えている主人の姿が見える。

だ。知人たちに抱きかかえられての訪問であったというから、もう完全に酩酊《めいてい》状態である。路は、しかたがないので休ませてやったのだが、加藤は自力での帰宅もままならない状態である。やむを得ず、一晩は滝沢家に加藤を泊めてやることにした。とはいえ、この日は小太郎も早朝四時頃に番所に出勤しており不在。「女子のミ」の家に成人男性を泊めるというのは、路にはどうも「うしろめたく」感じられる。加藤は、明け方に起き出し、早々に帰っていったというが、路は内心ではかなり迷惑に思っていたに違いない。

節分と厄落とし

酩酊していた加藤新五右衛門が滝沢家に押しかけ、迷惑をかけていたその日は節分にあたっていた。

節分とは「季節を分ける」という意味なので、本来は立春前だけではなく、立夏、立秋、立冬前も「節分」であるが、もう江戸時代には節分といえば、立春の前日をいうのが一般的になっていた。立春——すなわち、春のはじまりというのは、冬至と春分のちょうど中間にあたる日のこと。現在の太陽暦では、二月三日頃になるが、江戸時代まで使われていた太陽太陰暦（いわゆる旧暦）では、日にちは一定していたわけではない。十二月中に立春となる場合もあれば、年が明けてから立春を迎える場合もある。この年の節分は、たまたま正月三日にあたっていた。

路たちは、「鬼やらひ」を行った。面白いことに、この日にすることは豆をまいて、鬼を追い払うだけでなかった。火吹き竹を四つ辻に捨てているのだが、「例のごとく」と記しているから、これも恒例行事だった。火吹き竹とは、火起こしなどの際に息を吹きかけるために使う竹筒である。

さらに、この年はさちが、数えで十八歳、災いに見舞われるとされる厄年の前年（前厄《まえやく》）にあたった。節分の日に厄落としをするのだが、その方法が興味深い。さちは、「下の帯」と鳥目《ちょうもく》、つまり銭を捨てて帰っている。「下の帯」とは、下着のこと。路上に下着と銭を落として帰ることで、厄を落とすというわけだ。いささか奇妙な風習だが、江戸時代の百科事典『和漢三才図会《わかんさんさいずえ》』によれば、道が分かれているところにフンドシを捨てれば厄落としになるという信仰があったことを書き記しているから、それなりに広く行われていた風習のようだ。男性ならフンドシだが、女性のさちは腰巻きを落として帰ったことだろう。

こうした習俗は近代にも続いていたようで、正岡子規《まさおかしき》が記した『墨汁一滴《ぼくじゅういってき》』にも、四辻に厄年の男女が下着を捨てる風習について書き記している。子規によれば、下着は持参するものではなく、着用したままで辻に行き、「懐《ふところ》より手を入れて解き落とす」ものだという。節分の日、町にはそこら中に使用済みの下着が落ちていたというわけだ。翌朝、この下着は誰が片付けたのだろうか……。

さちの災厄《さいやく》

滝沢家では、馬琴の孫にあたる太郎が死去したことで、嘉永三年（一八五〇）の三月に小太郎を、太郎の妹にあたるさちの夫――婿養子――として迎えていた。嘉永四年（一八五一）の正月は、小太郎が滝沢家で初めて迎える新年だった。

ところが、婿養子として迎えた小太郎とさちの仲は思わしくなかった。しばしば、さちを叱り付け、義母の路が注意しても大声を上げる始末。九月十二日には、同僚深田長次郎の母が小太郎の様子を見かねて意見したところ、小太郎は「さちなんか死んでしまえばいいんだ。いざとなればこっちからさちたちを追い出してやる」などと物騒なことをいっていたらしい。びっくりした深田長次郎の母は、小太郎には油断するなと路に知らせてきた。

嘉永三年の末には、さちと小太郎の離縁に向けた協議が進められていたが、小太郎からは「三十両を申し受けねば、滝沢家を出ない」（十二月十日）と大金を要求された。金三十両といえば、大工の一年間の収入をはるかに上回る額である。法外な要求に、路たちは頭を抱えていたのである。

さちが節分の日に、厄払いに出かけた嘉永四年の正月頃には、さちと小太郎の夫婦仲はすっかり冷え切っていた。さちが、下帯とともに辻に捨てたかった「厄」とは、小太郎との縁だったのかもしれない。

正式に小太郎とさちの離縁が成立したのは、節分から約一ヶ月後の嘉永四年（一八五一）二月二日であった。

ひな祭り

上巳《じょうし》の節句

三月三日といえばひな祭りである。ひな人形を飾り、桃の花やひなあられなどを供え白酒で祝うもので、主に女性が中心となる年中行事である。本来は、一年間に五回ある季節の年中行事、五節句のひとつで上巳《じょうし》の節句といい、桃の花が咲く時期なので桃の節句ともいった。十七世紀には次第にひな祭りのかたちが定着しはじめ、工芸品としてのひな人形が発達していく。

ひな人形は次第に華美化し、豪華な人形や調度品が作られるようになった。幕府の度重《たびかさ》なる規制にもかかわらず、江戸・京・大坂といった都市部の町人から地方都市、そして農村部へと徐々に民間に広まっていった。

嘉永四年（一八五一）、滝沢家のひな祭りをのぞいてみよう。二月三十日、お昼前に路《みち》は次女のさちに手伝ってもらい「雛《ひな》を建」てている。「建てる」という表現には違和感があるかもしれないが、ひな壇を設置する作業を建てると表現したのだろう。江戸では七、八段の階段状に飾り、上段には御所に見立てたひな人形が入る小型の建物の「御殿《ごてん》」を使わない段飾りが一般的だった（『守貞謾稿《もりさだまんこう》』巻二六）。

路は、三日の朝「上巳」を祝い、「ささげ」豆を入れたご飯を炊き、一汁三菜というから汁物におかずを三種用意し、重箱・煮染《にし》めを調理して、おひな様にお供えしている。

この日はふさ、さちが外出していたが、夕方には大内氏と一緒に帰宅し、午後四時頃には和多《わた》殿が来たので、白酒と煮染めを振る舞っている。白酒は味醂《みりん》などと米・米麹《こめこうじ》を混ぜて作る白濁したお酒で、ひな祭りによく飲まれていたもの。煮染めは、朝のうちに調理しておひな様にお供えしたもののお下がりだろう。来客は、午後十時を過ぎて辞去しているから、滝沢家で夜遅くまで楽しんでいたようだ。

翌四日には、朝のうちにひなを片付けたとある。俗にひな人形を片付けるのが遅れると嫁入りが遅くなるなどといわれることもあるが、節句を過ぎればひな人形はただちに片付けるものだったようだ。

初節句の準備

節句のうちでも、男の子が生まれて初めて迎える端午《たんご》の節句、女の子が初めて迎える三月三日の桃の節句は初節句といって、特別な一日となる。

安政六年（一八五九）、紀伊和歌山の川合家では、小梅にとって初孫となる菊江の初節句の準備が進められていた。『和歌山風俗問状答《わかやまふうぞくといじょうこたえ》』によれば、和歌山ではひなは二月末から上巳まで祀るというから、二月下旬には準備をはじめる必要がある。

二月二十一日には、「ひなのだん」のことについて大工が来ている。二十四日には、十五軒に菊江の初節句祝いを贈っている。京都・大坂では初節句の際には菱餅《ひしもち》を贈るそうなので、関係者に菱餅を届けているのかもしれない。二十五日には買い物に出かけ、「御堂前《みどうまえ》松や」という店で「右大臣・左大臣の人形と燭台」を銀七匁《もんめ》で買い求めている。この頃、大工や左官の手間賃が一日三匁くらいなので、安いものではない。男びな女びなは既にあるので、左大臣・右大臣の人形だけを買い足したということだろうか。

二月二十九日には親類を招いての初節句の祝いが行われた。午後二時頃から人が集まりはじめ、来客は二十三人におよんだ。この日のために用意されたのは寿司五升、赤飯四升、白飯五升で酒は一斗一升（十九・八リットル）であった。ほかに鯛・アジ・チヌ・メバルなどの魚類はあちこちからのいただきもの。海に面している和歌山城下だけに、届けられた海産物は実に豊かだ。飯は随分残ったようだが、酒はこれだけ用意していたにもかかわらず、わずかに一升を残すのみだったというから、かなり飲んだようだ。終わったのは午後十時くらい。この日は「殊に快晴」とあり、天気も祝いの日に相応《ふさわ》しかった。

初節句を迎える

いよいよ迎えた三月三日は、「上々天気」。菊江の初節句のため「学校残らずまねく」とあるから、小梅の夫である川合梅所《ばいしょ》が講官をつとめていた、和歌山藩の学校「学習館」関係者すべてを招いての祝いとなったようだ。この日の来客は二十六人。前日のうちに買っておいた魚は大ボラ二本、ヒラメなどで計二十一匁を要している。

おひな様へのお供えについて、小梅は詳細を記していないが、『和歌山風俗問状答』には、通例は青、黄、白の菱に切った餅を三重に供え、小豆《あずき》飯、煮物、焼魚などの料理を重箱に入れて供え、菓子などを供え、花を活け、桃の花が咲いていれば桃の花を供えるとある。これが標準だとすれば、安政六年（一八五九）は菊江の初節句だったから、いっそう華やかに行われていたことだろう。

翌四日にも来客が十人ほどあり、この時は前日の「残り物」で対応したようだが、それでも新たに五匁分の買い足しをしている。

こうして見ると、初節句は多くの人びとを招いての盛大な祝いであり、主婦の小梅は来客のもてなしのために料理の手配に奔走していたことがわかる。祝儀として届けられる金品もあったが、支出も多額に及んでいる。とはいえ小梅にとっては、初孫の初節句だから、祝いの日に向けて尽力していたことだろう。

ところが、多くの人びとに初節句を迎えたことを祝福されていた菊江は、わずか五ヶ月後に「さし込」（内臓の痙攣《けいれん》）と「引つけ」（手足の痙攣）をくり返すようになり、八月四日には命を落としてしまう。三月には快晴のなかで、菊江の初節句を迎えた悦びに包まれていた小梅が、八月に誠に哀れともはかないとも、いいようがない……と日記に記すことになろうとは、この時には知るよしもなかったのである。

サクの休日

小梅たち川合家で菊江の初節句が祝われた翌年、安政七年（一八六〇）、河内国（現・大阪府）のサクもひな祭りを楽しんでいた。好天に恵まれた三月二日、サクは「ひなさん」を飾ったと書き留めている。この日の午後、奉公人の安吉はよもぎを摘みに行っているが、これはよもぎ餅を作るためだった。ひな祭りでは、餅を搗《つ》く時によもぎを入れ、さらに青粉《あおこ》（青海苔の粉）を加えて美しい緑色にした餅を、菱形に切ったものをお供えするのが一般的である。

三月三日は朝から雨だったようだが、午後には次第に雨も上がり、晴れてきた。この日は朝から、サクたちはよもぎ餅を作り、「あられ」を煎《い》っている。あられは、餅を小さく切って煎って作る。これは、当然ながらおひな様にお供えするひなあられであろう。サクは、作ったよもぎ餅を勢介・卯八といった奉公人たちにも与えている。彼らにとっても、これはちょっとしたごちそうだったに違いない。

この日の午後には、卯八の女房、山九のくら、竹やの娘がサクのもとを訪れており、サクはひなを見せて、寿司をごちそうしている。訪れたのはいずれも女性。きっと一緒におひな様を前に談笑しながらごちそうを食べ、ひな祭りを楽しんだことだろう。

三月四日、サクの日記には、朝、ひな様を片付けたとある。事実上の当主として種屋を切り盛りしていたサクの慌ただしい毎日にあって、ひな祭りはほっと一息つける貴重な休日になっていた。

その日、江戸では

ところで、この日の江戸では、上巳の節句にあたって諸大名が将軍に祝いを述べるために江戸城へ行くことになっていた。時の大老で彦根藩主の井伊《いい》直弼《なおすけ》も、この日は彦根藩邸から江戸城へ向かっていた。新暦なら三月二十四日だから春といってもさしつかえない時期だったにもかかわらず、前夜から季節外れの大雪が降り、少し積もっていた。牡丹雪《ぼたんゆき》だったため、視界も悪い。行列が江戸城の桜田門に近づいた頃、浪士たちの襲撃を受けて、井伊直弼は殺害されることになる。桜田門外の変と呼ばれる事件である。サクたちがひな祭りを楽しんでいたまさにその時、江戸では、歴史を大きく動かす事件が発生していたのである。

端午《たんご》の節句

端午の風景

五月五日は端午の節句。三月三日の上巳《じょうし》の節句などと同じく、五節句のひとつである。

江戸時代に刊行された百科事典の『和漢三才図会《わかんさんさいずえ》』巻四には「端午」について、家ごとに幟《のぼり》や甲冑《かっちゅう》を飾り、また植物の菖蒲《しょうぶ》を飾ると記されている。今なら各地で見られる鯉幟は、江戸の年中行事を記した『東都歳事記《とうとさいじき》』には、「紙で出世の魚だという鯉のかたちを作り、竹の先に付けて立てるのは最近の風習で、東都のならわしだという」とある。十九世紀の江戸では紙で作られていたようで、上方《かみがた》では見られない江戸（「東都」）固有の習俗だったようだ。

端午の節句は、男の子のすこやかな成長や立身出世を願う行事であるが、この日に邪気を払うために使われる「菖蒲」が、武道を尊ぶことを意味する「尚武《しょうぶ》」と音が同じなので、特に武家でさかんに行われていた。

なお、『守貞謾稿《もりさだまんこう》』という随筆によれば、江戸時代の端午の節句で飾られる甲冑は、実戦用の甲冑ではなく、節句飾のために製造販売されたものだったという。甲冑は、金属や皮革は使わず、厚紙を重ね貼りしたものを紐《ひも》でつないだものだった。とはいえ、厚紙の上から漆《うるし》や鉄粉を塗り、蒔絵《まきえ》や金メッキの金具などで装飾をする精巧なものもあったらしい。小さなものから、そのまま着用できるような大きさのものまであった。

ちまき作り

和歌山の質商「森屋」で、文化十年（一八一三）に十代目の六兵衛が制定した家訓「沼野家定書」には、正月一日、七月十五日の盆などとともに、五節句の日には、「家族一同が集まって祝いをいうこと」と書かれている。そこではどのような行事が行われていたのだろうか。

寛政三年（一七九一）、和歌山で質商「森屋」の峯《みね》が記した『日知録《にちろく》』から、和歌山商家における端午の節句の様子を見てみよう。峯は「森屋」の九代目六兵衛の妻、家訓を書き残した十代目の母にあたる。

節句を祝うための準備は四月下旬からはじまる。四月二十二日、ちまきに使う米粉が届いた。ちまきは、端午の節句では欠かせない。『守貞謾稿』によれば、葭《よし》の葉に米を乾燥させて粉にしたものを付け、マコモというイネ科の植物の葉で包んで蒸して作るという。

ちまきは自宅で作っていたようで、峯たちは二十四日にちまき作りをはじめているが、この日は材木町の房、小の町のしげ、しゆん、幸助ら四名が手伝いに来ている。しかし、一日でちまき作りは終わらず、二十五日も房らの助けを借りて残りのちまきを作っている。かなりの数のちまきが作られていたということだろう。この日には、これまた端午の節句に欠かせない柏餅《かしわもち》も作っている。

京都や大坂あたりでは、男の子が生まれて最初に迎える端午の節句では、親族や懇意の人びとにちまきを配り、二年目以降は柏餅を配るという。和歌山でも同様だったとすれば、峯の長男である松之助は、当時満五歳になっていたから、配るのは主に柏餅だったのだろう。昼過ぎには柏餅ができたようで、あちこちに柏餅を届けている。午後二時頃には祝いの餅も搗《つ》いている。

端午の節句には、ちまき、柏餅、餅などが用意されて、あちらこちらに配っている。こうしたごちそうも楽しみのひとつだったことだろう。

大変だったちまき作りが一段落したこともあって、ほっとしたのか、あるいは疲れがたまっていたのか、四月二十六日に峯は昼食後に昼寝をしている。

準備は万端

江戸時代に、全国の風俗習慣について行ったアンケートに対する和歌山からの回答である『和歌山風俗問状答《わかやまふうぞくといじょうこたえ》』によれば、幟を立て、甲冑、人形などを飾るのは四月末にするとのことで、特に日が決まっていたわけではなさそうだ。峯の日記では、四月二十七日、この日は「天気がよかったので、今日からのぼりを立て、兜《かぶと》人形も飾る」とある。

いよいよ、端午の節句が近づいてきたと感じられるようになってきた。峯の長男松之助は、ホタルの入った虫籠をもらっている。きっと夜には、暗いなかでホタルが放つ淡い光を見て楽しんだことだろう。

二十八日には、節句の祝いをこれまでに配ったところ、もらったところを確認している。贈答というのは、家と家との付き合いだから、もらいっぱなしというわけにもいかない。どこに何をどれだけ贈り、どこから何がどれくらい届いたか、ちゃんと確認をし、不義理をしないようにしておくことも、女性の重要な役目だった。

そして五月四日、いよいよ明日が端午の節句。節句当日にそなえて、飾った兜にお供えするちまきの準備をし、翌日の来客に振る舞う寿司を魚店の松屋五兵衛に注文している。こうして万端、用意をととのえ終わった峯は、夕方には菖蒲湯に入っている。菖蒲湯とは、端午の節句の際に菖蒲の根や葉を湯船に入れてわかした風呂のこと。菖蒲の強い香りで邪気をはらうといわれている。あとは、五日当日を待つばかりとなった。

節句当日

五日は朝早くに起床し、節句を祝って食事をしている。夫の六兵衛（「旦那様」）は所用で外出するが、昼過ぎに来客があり、峯が寿司と酒を出してもてなしている。そのほか、節句を祝って知人たちが次々とあいさつにやって来る。午後三時頃には外出していた「旦那様」も帰ってきた。峯は自宅で来客を迎えていたばかりではない。夕方には、隣の家へ節句のあいさつに行き、そこで隠居と一緒にすごろくを楽しんでいる。

峯の日記には書かれていないが、『和歌山風俗問状答』には、五日から六日まで、家の出入り口のあちこちに菖蒲や蓬《よもぎ》を差して飾るとあるので、峯たちの家でも同じようにしていたことだろう。

なお、『和歌山風俗問状答』には、端午の節句の日から「帷子《かたびら》」を着るとある。ここでいう「帷子」とは、裏地を付けない麻で作った夏物の着物のこと。五月五日から夏服に衣替えとなる。六日の日記には、先日洗った着物につぎあてをしていたようなので、春先まで着ていた着物を繕《つくろ》い、片付けをはじめていたようだ。九日には着物を片付けたと書かれている。

主婦の役割

こうして見ると、端午の節句といっても、お供えの準備や贈答先の確認、料理の発注に片付けと、ほとんどが女性の手で行われていたことがわかる。むしろ、一連の準備にあたって男性の存在感は極めて希薄である。節句当日も峯は来客の対応や饗応に追われているが、「旦那様」は所用でほとんど家にいなかった。そのためだろうか、九日には、節句の日に寿司を用意して家族で食べたが、「旦那様」はほとんど不在だったのでいいことがなかった（「得いたさせ申さず」）ので、といってあらためて寿司を注文している。自分たちだけでごちそうを食べたようで、気が咎《とが》めていたのかもしれない。

とにかく、年中行事を滞《とどこお》りなく行うためには、女性、とりわけ一家の「主婦」が果たす役割が極めて大きかったといえる。

ただ、峯たち女性の負担は大きかったとはいえ、家族揃って無事に節句を迎え、ともに祝うことができるのは幸せなことに違いない。峯は、五日の日記に

なべて世にふくやさ月のあやめ草軒は涼しくかほる朝風

という和歌を詠んでいる。五月の朝にひろく涼やかに吹きわたる風を詠んだものだ。おだやかに節句を迎えられたことを喜んでいる峯の心情が察せられる。寛政三年（一七九一）に、峯が書いた日記のなかで和歌が記されているのは、ここだけである。

盆行事

七夕の祝儀

嘉永三年（一八五〇）七月七日は七夕である。朝から江村茂左衛門ら四名が、七夕の祝いを述べに滝沢家にやってきた。今では、七夕にお祝いを述べに来客があるというのは考えられないが、江戸時代には七夕も五節句のひとつで、おめでたい日である。おたがいに祝いを述べあうような特別な一日だった。滝沢家からも、午前中には婿養子の小太郎が礼服で、持筒《もちづつ》同心《どうしん》の御頭《おかしら》や同僚たちのもとへ、あいさつに出かけている。

滝沢家では、この日の昼にはササゲ豆を混ぜたご飯と一汁二菜の食事をし、家族一同で祝っている。もっとも、三月に婿養子として滝沢家に迎えられた小太郎は、この月のはじめ頃には妻のさちと別に一人で寝るようになっており、家庭内はギクシャクとしはじめていたが、表向きは平穏な節句の一日である。正月の項で見たように、この翌年には養子の小太郎とは離縁することになる。

なお『守貞謾稿《もりさだまんこう》』によれば、江戸では家ごとに、半紙を染めた色とりどりの短冊、ホオズキやスイカ、帳面などのかたちに作った紙の装飾を青竹につるして、家の屋根上に高々と建

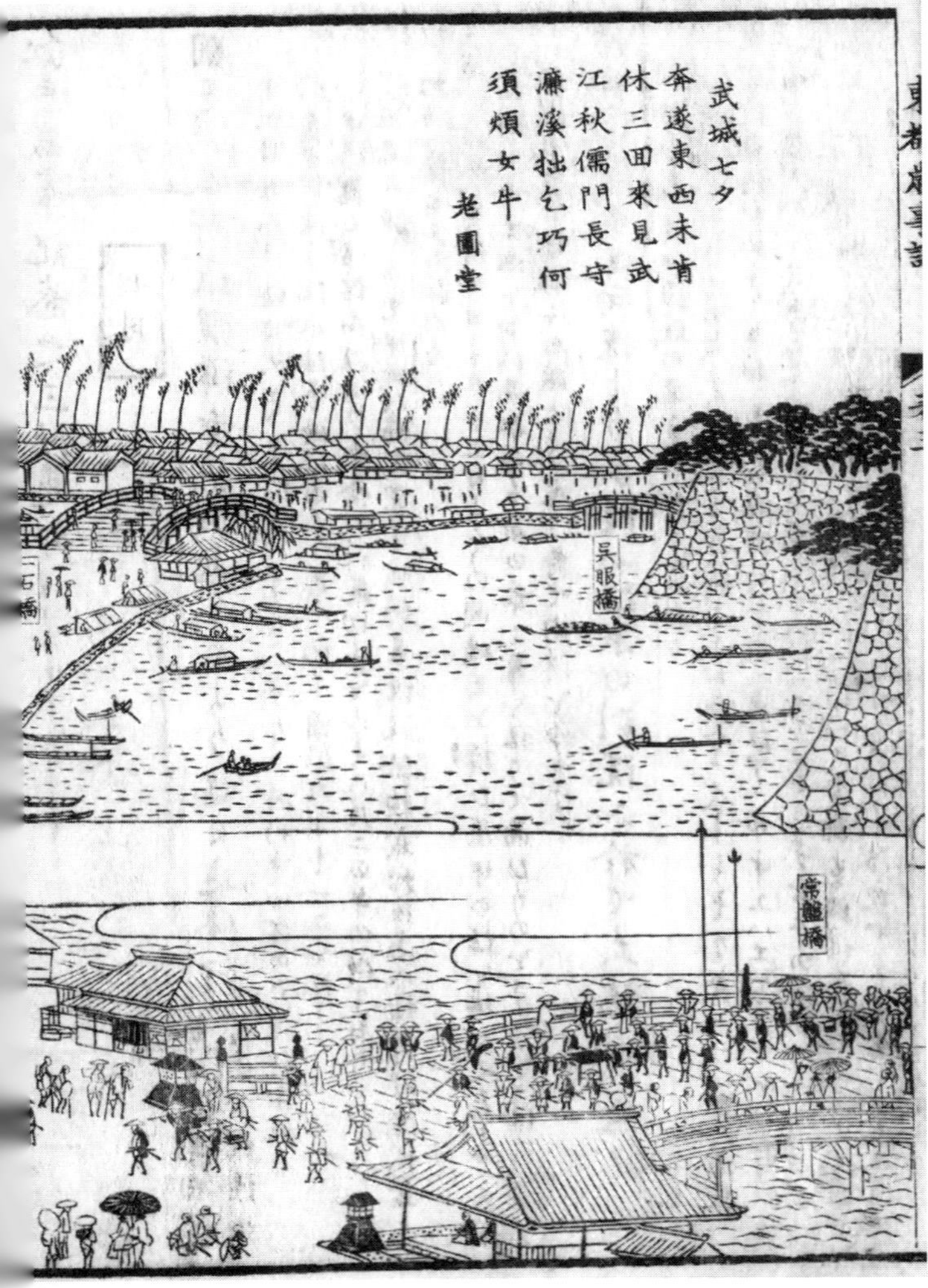
武城七夕
奔遂東西未肯
休三田來見武
江秋儒門長守
濂溪拙乞巧何
須煩女牛
老圃堂
呉服橋
一石橋
常盤橋

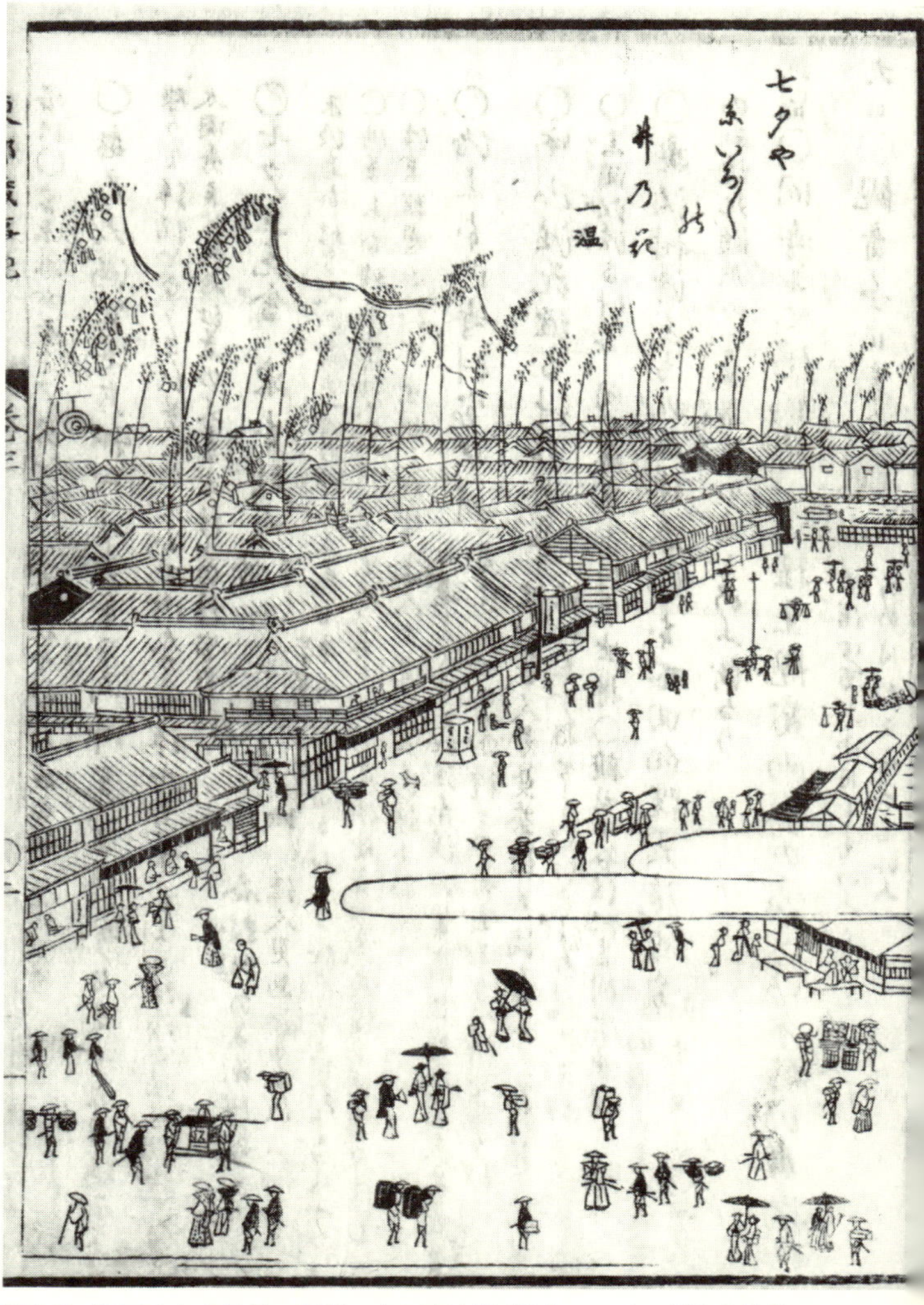

図1-2　江戸の七夕風景。屋根の上に高く掲げられているのが七夕飾り。

てるとある。子の有無、貧富にかかわらず行っていたというから、滝沢家でも同様に竹を建てていたことだろう。

盆の準備と墓参

この年、滝沢家では、若くして亡くなった太郎の初盆である。現在では、七夕といえば七月、お盆は八月に行われるところが多いが、お盆は旧暦の七月十五日に行われていたので、七夕から間もなくすればお盆なのである。

滝沢家では、お盆の準備を十二日にはじめている。お昼過ぎに、仏具を磨いてきれいにし、お盆のお供えものを置くための「霊棚《たまだな》」（精霊棚・盆棚）の用意をする。灯籠《とうろう》には新しい紙を貼る。江戸では、盆棚で使う灯籠の紙には、蓮《はす》を描くことが多いようだが（『守貞謾稿』）、滝沢家では、小太郎が家紋を紅《べに》で摺《す》っておいたものを使っている。

午後四時頃には、早めの夕飯を取り、滝沢家の菩提寺である深光寺《じんこうじ》へ墓参。滝沢家の墓の花を取り替え、花筒の水を替える。深光寺には、いつものように白米二升と銭二百四十八文を寄進した。路の日記には、十日に「残暑甚《はなは》だし」とあり、その後も「残暑」の記載が続いている。厳しい残暑のなかでの墓参となったようだ。

十二日には、盆行事で使う皮を剝いで乾燥させた麻《あさ》の茎（苧殻《おがら》）や仏花、お供えの茄子《なす》、瓜《うり》で作った牛や馬などを販売する盆市がはじまっている（『東都歳時記《とうとさいじき》』）。そこでは、「揃いました。揃いました」という威勢のいいかけ声で物を売っていた（『守貞謾稿』）。路《みち》たちは、墓参の帰りに盆市に立ち寄ったのか、買い物をすませ、午後八時頃に帰宅している。

迎え火

十三日の昼前には、盆行事で使う精霊棚《しょうりょうだな》を設営している。『守貞謾稿』によれば、小さな机のようなものの四隅に青竹を立て、棚の周囲に筵《むしろ》を掛けて、棚に杉の葉で手すり状のものを付けるという。別の年に、路は「精霊様御棚竹をまき多用」（嘉永五年七月十二日）と書くが、これは精霊棚に青竹を付ける作業など、準備が色々と大変だったことをうかがわせよう。普段は仏壇にお祀りしている位牌を取り出し、お盆の間はこの棚に置いてお祀りをする。

精霊棚の準備が終わると、「餡《あん》だんご」を作る。できあがっただんごを、精霊棚にお供えし、それから家族でも餡だんごをいただいた。滝沢家の南隣伏見氏へもお裾《すそ》分けとして、作った餡だんごを届けた。すると伏見氏が子どもを連れて、鯖《さば》の干物十五枚を持参してお礼をいいにやってきたので、だんごをごちそうした。

夕暮れ、炮烙《ほうらく》という素焼きの皿の上で苧殻《おがら》を焚《た》く。帰ってくる先祖の霊が、迷わず自宅にたどり着けるように目印として焚く迎え火で、玄関の前で焚くのが恒例だ。今年は、路の夫の宗伯、義父の馬琴とともに、子の太郎の魂が初めて帰ってくる日である。

十三日の迎え火から十六日の送り火までの間、帰ってきた先祖の霊が滝沢家に滞在する。

お盆の日々

十四日、盆棚にお供えをする。朝は、汁は唐茄子《とう》（カボチャ）、里芋・油揚の煮物、茄子の漬物。昼は、白味噌の味噌汁、ズイキ芋の和《あ》え物、白瓜の漬物。夕飯には茄子・サツマイモ・揚げ物・「煮ばな」とナタ豆の漬物。面白いのは、お供えは三食だけではなかったこと。「八時《やつどき》」とあるから、おやつには「煮あんころもち」。夜には、上酒《じょうしゅ》・味醂《みりん》、冷やし豆腐（冷や奴）が供えられた。帰ってきた祖霊は、三食に加えて、おやつと晩酌付きでもてなされていた。

この日は、太郎（「琴靏居士」）の初盆だったので、知人や親族からお供えの蠟燭《ろうそく》、茶、手紙などが届き、路はお礼状とともにズイキ（里芋やハスなどの葉柄）を届けている。

午後二時には、南隣の伏見岩五郎から白砂糖、百合根《ゆりね》、シソの実が届けられているが、これもお供えだろうか。

十五日、この日も盆棚にお供え。朝はごま汁、茄子の刺身、漬物は「丸づけとうがらし入り」。昼は冷そうめん。八時は蓮飯、葉生姜《はしょうが》、「煮ばな」、スイカ。夕飯はきな粉だんご・「煮ばな」・香《こう》の物は白瓜をらせん状に切って天日干しした「雷ぼし」。おやつの蓮飯は、もち米を蓮の葉につつんで蒸したもので、お盆定番の食事である。

午後二時頃に菩提寺の深光寺《じんこうじ》から棚経《たなぎょう》に僧が来て、おつとめをした。夜には、久野家家来の加藤新五右衛門が来て、少し遅れて和多《わた》殿も来た。煎茶、菓子、だんごをすすめ、雑談をして、夜の十二時頃に二人は帰った。太郎をしのんで、思い出話などをして帰ったのだろうか。路の日記には「秋冷」とあり、厳しい残暑もようやく和らぎはじめていた。

十六日、お盆に帰ってきていた先祖の霊、そして初めて帰ってきていた太郎の霊も滝沢家をあとにする日がやってきた。この日の朝のお供えは、芋の汁、茄子・ササゲ豆のごま和え、漬物はもみ大根。その後、冷水で点《た》てた挽《ひ》き茶を出している。朝食のあとで、冷たいお茶が出ているのはこの日だけだ。慌てて帰らなくてもいいから、お茶でも飲んで、もうちょっとゆっくりして行きなさいという心持ちだろうか。

ほかの年（嘉永五年七月十六日）と同じように、挽き茶を供えてしばらくしてから、精霊棚を片付けはじめ、位牌は元通りに仏壇に納め、お盆に使う道具類は来年また使うのでしまっておいただろう。

『守貞謾稿』によれば、十六日の朝には「精霊さまお迎《むか》い、お迎い」といって人が家々をまわってきて、その人に精霊棚に敷いていた菰《こも》でお供えなどを包み、十二銭を添えて渡せば、近郊農村から船でやってきた人に持って行ってもらえるという。どうやら、お盆のお供えなどを河川に流す代わりということらしい。滝沢家で、お供えなどをどうしていたのか気になるところだが、残念ながら路の日記には書かれていなかった。

午後二時頃、路は娘のさちを連れて、赤坂の一木《ひとつぎ》威徳寺《いとくじ》不動明王に参詣《さんけい》している。「心願」を念じたとあるので、心に強く願うことがあったようだ。祈願していたのは、夫婦仲が冷え込んでいるさちと婿養子との問題が、とにかく解決することだっただろう。

夜には玄関前で送り火を焚き、嘉永三年（一八五〇）のお盆は終わった。

路の日常

七月二十日、路は、まだ夜も明けていない朝四時頃に起床。婿養子の小太郎を起こし、食事をすませて出勤させた。

路は、朝食をすませるとすぐに外出した。小日向《こひなた》馬場（現・東京都文京区）で占いをしている赤岩氏のところへ行き、「おさち吉凶」を尋ねている。これは、娘のさちと婿養子の小太郎のことを占ってもらったのだろう。

それから、滝沢家の菩提寺である深光寺に参詣し、墓に花を供えてお詣りをしている。それから、義姉（馬琴の娘）のさきが住む飯田町に行く。さきのところに着いたのはお昼時になったので、そこで食事を振る舞われることになった。ちょうど、義妹の鍬《くわ》もやってきて、しばらく談笑していた。路が帰宅したのは午後四時のことだった。夕方には滝沢家に「おゝよし殿」が来て、しばらくおしゃべりしていた。六時には、医師の順庵が来たので、煎茶とぼた餅をすすめ、数時間にわたって雑談。

そして、夜には南隣の伏見氏から「狸火を見に行こう」と誘われている。狸火というのは、狐火の狸版。夜間に狸が点《とも》すという怪火である。わざわざ誘い合って見に行こうというのも酔狂だ。ところが、せっかく出かけたのに「狸火はないらしい」ということで、買い物に予定を変更し、人形芝居を見て午後十時頃に帰宅している。

朝から夜まで、路にとっては忙《せわ》しすぎるような一日だった。お盆に死者との対話を終えた路は、日々を精一杯に生きていた。

誕生日

ハッピーバースデー

史料というものは、見ようとしなければ、どれだけハッキリと書かれていることでも見すごしてしまうものだ。特に、こちら側に思い込みがあれば、なおさらである。本書の執筆にあたって史料を再読しているなかで、このことは何度も痛感させられた。今まで、どこを見ていたんだ、と。例えば、「誕生日」もそうだった。

例を挙げよう。まずは、宇都宮（現・栃木県宇都宮市）で質屋などを営んでいた佐野屋の娘で、歌人でもあった菊地民子の日記に見える嘉永六年（一八五三）八月の記述から。

十七日、（中略）夕飯は介司の誕生日なのでいつものように赤飯・煮しめにした。（下略）

十九日、（中略）里女の誕生日なので赤飯・つみ入汁（つみれ汁）・にしめ・芋・玉子で祝う。（下略）

介司は民子の息子だが、八月十七日が誕生日で、例年のように赤飯と煮染《にし》めで祝っている。二日後の十九日には「里女」の誕生日だ。この日は赤飯のほか、つみ入汁、煮染め、芋・タマゴと、なかなかに豪華なメニューを用意して誕生日を祝っている。

これは関東の事例だが、誕生日を祝うのは関東だけではなく、和歌山でも同様の例が確認できる。『小梅日記』の弘化五年（一八四八）正月の記事を見よう。

四日（中略）今日は岩の誕生日なので「赤まゝ」を炊き梅本家家族を招待した。（下略）

十三日（中略）梅本兄の誕生日なので「赤いゝ」を炊き、家族でいただいた。（下略）

ここでいう「岩」とは、小梅の子である岩一郎、後に雄輔とあらためて川合家を継ぐことになる。彼は天保四年（一八三三）正月四日に生まれているので、この時に満十五歳となっている。正月の四日には、小梅が岩一郎の誕生日にあたって赤飯を炊いて、梅本家の人びとを呼んで祝っていることがうかがえる。梅本家は夫梅所《ばいしょ》の実家である。梅所は婿養子として川合家に入っている。

一三日、今度は「梅本兄」の誕生日を祝うために炊いた赤飯を、小梅たちが振る舞われている。紀伊国（現・和歌山県）では、誕生日に赤飯を炊いて親しい人を呼んで振る舞っていたようだ。

少なくともこれらの史料から、近世後期になると江戸のみならず、和歌山でも誕生日に赤飯を炊いて祝っていることが明らかである。誕生日を祝うという行為は、決して珍しいことではなかったといってよいだろう。

数え年

現在は、出生時を〇《ゼロ》歳として、誕生日を迎えるたびに年齢がひとつ加算される満年齢を使うのが一般的であろう。実は、明治三十五年（一九〇二）の「年齢計算ニ関スル法律」で出生日の前日に年をとることになっているようなのだけれど、まあ普通は誕生日に年齢が加算されると考えられている。

ところが、江戸時代までは、数え年によるのが一般的だった。「数え年」というのは、出生時を一歳として、元日ごとにいっせいに一歳増えていくというものである。だから、十二月の大晦日《おおみそか》に生まれた赤ちゃんは、翌日には二歳になる。

昭和二十四年（一九四九）に制定され、翌年一月一日に施行された「年齢のとなえ方に関する法律」では、「この法律施行の日以後、国民は、年齢を数え年によつて言い表わす従来のならわしを改めて」満年齢によるよう「心がけ」ることが定められている。戦後しばらくは「数え年」が広く行われていたのだ。

数え年では、誕生日にかかわらず、一月一日にいっせいに年齢が加算されるわけだから、現在のように「誕生日」を意識することは少なかったはず――そう思っていた。

もちろん前近代社会においても「誕生日」が全く意識されていないというわけではなかった。例えば、木下聡《きのしたさとし》「中世における誕生日」によれば、中世の史料にも誕生日についての記事がないわけではないようだが、「主は祈禱《きとう》・慎《つつし》み」であり「祝は副次的なもの」だったとされている。

ところが、実際には史料のなかで何度も「誕生日」という語と出くわした。そこでようやく、江戸時代にも誕生日を祝うという習慣が存在していたことに気がついたのである。するとと面白いもので、それまで見落としていた史料の記述が次々と見つかっていく。さらにいえば、誕生日について既に研究論文があることもわかり、自分の無知を思い知らされることになった。

江戸時代の誕生日

誕生日については、鵜澤由美「近世における誕生日――将軍から庶民まで　そのあり方と意識――」という論文があった。この論文では、近世の多様な史料を駆使して、近世には将軍家や公家だけでなく、下級武士や庶民層まで、誕生日を祝う習慣が全国的に確認できることを指摘していた。将軍や公家は別として、赤飯を炊き近所の人を呼ぶ例が多いこと、地域差があって二、三歳でやめるところもあり、男児を対象とする記事が多いことなどさまざまな事実が明らかにされている。現在のように誕生日で年を取るというわけではないが、重要な日として意識されていたのだという。

鵜澤論文では、庶民が誕生日をどう祝っていたかについて、『諸国風俗問状答《しょこくふうぞくといじょうこたえ》』という文献を使っている。これは、文化十二、三年（一八一五、一六）に屋代弘賢《やしろひろかた》という学者が、全国に年中行事や冠婚葬祭などの風俗について行ったアンケートへの回答で、近世における全国の民俗を知るうえで非常に貴重なものだ。ただ、アンケートに対する回答なので、記述は簡潔にしか記載されていない。鵜澤も一部地域を除けば「大人の誕生日も祝うのか子供だけであるのかははっきりしない」と記している。地域間の比較検討ができるような詳細情報を一次史料で発掘し、情報を蓄積して、全国各地の行事を比較するための素材を揃えていくことが、次の課題といえよう。

そこで、誕生日についての基礎的な事実を確認するために、あらためて史料を見てみることにしよう。

和歌山では、既に見ているように、小梅が岩一郎の誕生日を祝った弘化五年（一八四八）の時点で、もう満十五歳（数え年では十六歳）となっているので、子どもに限ったものではないことがわかる。念のために付け加えると、その後も誕生日を祝っていることが確認できるから、大人になっても誕生日のお祝いを続けていたことは間違いないだろう。

ただ、嘉永四年（一八五一）には、岩一郎の誕生日なので赤飯を炊いて梅本の家族に酒・飯を出すとあったのが、嘉永六年（一八五三）には今日は雄輔の誕生日だけど、赤飯を炊くだけで隣人を招待することはしないと書かれていた。この時には満二十歳、岩一郎から「雄輔」と改名しているから、子ども時代のように近隣を招いて盛大に祝うようなことはなく、家族だけで静かに祝うようになっている。万延二年（一八六一）の日記は、さらにトーンダウンしており、「雄輔の誕生日。赤飯を炊いた。家で祝うのみとした」とシンプルな記述になっている。

なお、ここで誕生祝いの対象となっていた岩一郎は跡取り息子だが、元治元年（一八六四）十一月二十三日には「小梅たん生ゆへ赤飯祝ふ」とあり、小梅自身の誕生日も祝っている。このことから、和歌山では男性に限らず、成人女性の誕生日も祝っていたことは確実である。冒頭に紹介していた菊地民子の日記に見える誕生日に関する記事でも「里女」とあるので、江戸でも男女関係なく、誕生日を祝っていたようだ。

一寸先は闇

ところで、菊地民子が日記に里女の誕生日について書いた嘉永六年は、ペリーが来航した年である。六月に浦賀に黒船が現れ、その後は江戸湾に艦船が侵入するなど、江戸の市中でも緊張を高めていたはずであるが、この記事を見る限りでは特に悲愴な感じはない。しかし、武士の家では、遠からずアメリカとの戦争がはじまるかもしれないという不安もあった。とりわけ長い海岸線を持つ和歌山藩では、アメリカとの戦闘がはじまれば、和歌山藩士の夫や息子は戦場に駆り出されるかもしれない。小梅の日記には、夫の梅所の誕生日にあたって、次のように書き記している。

江戸の菊地家で里女の誕生日が祝われてから約一ヶ月後、嘉永六年（一八五三）九月二十三日のことだ。

二十三日　今日は主人の梅所の誕生日だ。梅所は、来年のことはわからないが、まず今日のところはお祝いをしようじゃないかと浅之助と約束し、督学・柳窓も招待する約束だとのことで、浅之助から酒肴が届けられた。「大口ひ（ママ）」一、海老《えび》二を料理し、藤助を呼びにやった。浅之助と梅所の二人で酒盛り。あとで梅本の家族も呼んだ。（下略）

浅之助とは川合梅所の従弟《いとこ》で山本寛蔵、梅所とともに儒学者で学習館の講官である。督学とは学習館の校長。川合梅所は、来年はどうなっているかわからないが、とにかく今日はめでたい日なのだからしっかり楽しもう——という次第で、学習館の同僚や上司を呼んで宴会をすることにきめたようだ。海老など豪勢な食材を料理して、酒盛りをはじめている。

こうしてみると、来年のことはわからずというのも不安の表出なのか、それとも宴会をするための口実なのか、判断に苦しむところだけれど。小梅はあきれ顔だったのか、それとも不安を隠して一緒に一時の祝宴を楽しんでいたのか……。

誕生日に思う

紀州和歌山の小梅は下級武士の家だが、商人の家ではどうだっただろうか。和歌山にあった質屋の娘、峯《みね》による『日知録《にちろく》』を見よう。まずは、寛政三年（一七九一）十二月の記述だ。峯はこの年に満二十歳となる。

八日　晴天

今日は旦那様のお誕生日なので、昼から家で小豆《あずき》飯、「かきしる、やきもの」で祝った。元吉・お俊を呼びにやった。赤飯は六升も一度に炊いた。（下略）

十一日　曇天

今日は自分の誕生日なので、朝から赤飯を炊いて祝った。これも米六升。早朝には松之助に明神様へ参詣《さんけい》させた。（下略）

夫の誕生日を八日に祝った三日後には、妻の峯の誕生日がやってくる。そのたびに六升もの赤飯を炊いて祝っているから、この時期は大変だっただろう。とはいえ誕生日は、祝うのも祝われるのも嬉しいものだ。新しい年の訪れまで二十日ほど。若い夫婦で、ともに誕生日を迎え、無事に一年間を過ごせたことを喜んでいたことだろう。

『日知録』が残るのはわずかに二年分。次は三十四年後の文政八年（一八二五）となる。この年、峯は満五十四歳の誕生日を迎えている。

十一日　晴天
今日は峯の誕生日なので、朝に赤飯を炊いて祝った。隣のご隠居様へも赤飯をさし上げた（中略）今日は峯の誕生日なので風呂を用意させて入浴し、いとを連れて明神様へ参詣した。（下略）

この記事から、少なくとも紀伊国においては、男児だけでなく、大人の女性も誕生日を祝っていたことが明らかだろう。赤飯を炊いて祝い、隣のご隠居にも赤飯を届けている。二十歳の頃と同じように氏神様へも参詣し、無事に誕生日を迎えられた感謝を伝えているようだ。面白いのは、誕生日にあわせて風呂を焚《た》かせて入浴していること。お風呂に入ってさっぱりして誕生日を迎えていたことがわかる。

ところで、この年の『日知録』には、十二月八日に夫の誕生日について記するところはない。「今日は洗濯物に糊づけをした」と、いつもと変わらない日常が書き留められているだけだ。

実は、峯の夫の六兵衛は、文化十四年（一八一七）九月十四日にこの世を去っている。六兵衛の死から八年となるが、それまで一緒に誕生日を祝ってくれていた相手がいなくなっている峯は、いくらか寂しい思いでこの日を迎えていたことだろう。

峯が世を去るのは、三年後の文政十一年（一八二八）。五十七回目の誕生日を迎えることはできなかった。峯の命日は、夫六兵衛の九月十四日から約一ヶ月だけ早い、八月十二日であった。

季節の移ろい

滝沢家の春——江戸

嘉永四年（一八五一）正月四日に立春を迎える。この日は、現代の日本で使われているグレゴリオ暦では二月四日にあたっていた（以下、本節では括弧内にグレゴリオ暦を記す）。そうはいっても、十二日（二月十二日）は小雪がちらつき、十四日も雪で、午後二時頃に雨に変わる。十五日も夕方まで雪、十六日は曇天だが、十七日も昼まで雪。寒い日が続く。

正月十八日（二月十八日）に鏡開きを行い、家族でお汁粉を作って祝った。その後、深田長次郎、いよし、隣人の伏見庫太郎ら知人友人を大勢招いて、お汁粉をごちそうしている。まだまだ寒さの厳しい時期だから、餅《もち》の入った温かいお汁粉は何よりのごちそうだったことだろう。翌十九日は「雨水《うすい》」。一年を二十四等分して季節を表す「二十四節季」のひとつで、雪から雨に変わるという時期だ。

正月二十七日（二月二十七日）には「春暖」と記される。ようやく寒さもゆるんできたのだろう。とはいえ、二月五日（三月七日）には「寒し」とあり、翌六日には氷が張り、霜がおりて寒かったという。

二月十六日（三月十八日）は彼岸の入り、まもなく春分である。十八日は「暖和」とあるから、穏やかな暖かさにつつまれていた。この日、「だんご」（「餡《あん》だんご」）を作っているのは、お供えのためだろう。できた「だんご」は、知人や親類にも届けている。十九日（三月二十一日）は春分、彼岸の中日《ちゅうにち》を迎えた。

そして迎える春。三月七日（四月八日）には、知人宅から小米桜《こごめざくら》（ユキヤナギ）と彼岸桜が届き、持筒《もちづつ》同心の大内氏からも桃の花が一把《いちわ》届けられた。滝沢家の座敷もいっぺんに春らしくなったことだろう。

初夏の江戸

嘉永四年（一八五一）四月六日（五月六日）、立夏。暦のうえでは夏だが、「寒し」。十八日（五月十八日）も晴れているが、寒い。しかし、朝にはホトトギスの初鳴きを聞いた。

ホトトギスは、初夏頃に渡来し、秋には南方に移動する渡り鳥で、鳴き声は初夏の風物詩として愛された。その鳴き声は、トッキョキョカキョク、テッペンカケタカなどと表現されることが多いが、江戸時代の百科事典である『和漢三才図会《わかんさんさいずえ》』には「本尊《ほんぞん》掛けたか」と記されている。まあ、「特許許可局」は、「特許」という言葉からも明らかに近代以降のものだろう。鳥の鳴き声の「聞こえ方」も時代とともに変わっているということか。

『和漢三才図会』には、「歌人などは、初めてホトトギスの鳴く声を聞くことを喜ぶ」と記している。路《みち》もホトトギスの初音には関心があったようで、彼女の日記には毎年のようにホトトギスの初音について記録していた。この年もホトトギスの声を聞くことができた路は、きっと嬉しくて顔をほころばせたことだろう。

ただし、ホトトギスの初音を聞く頃になっても、綿が入った着物を着なければ寒いような気候不順の年だった。

猛暑・残暑

嘉永四年五月二十三日（六月二十二日）には夏至を迎える。この日、路は日記に「薄暑」と書いているから、やや暑さを感じるくらいの季候となっていたようだ。

六月三日（七月一日）は晴れて「暑」い。路は暑気あたり気味で、食欲がなく胸も痛む。医者に診てもらうと、暑さのせいで持病を発症しているとの見立てで、五苓散《ごれいさん》という漢方薬を服用するようにと助言された。その後も体調不良はしばらく続いていた。

六月二十三日（七月二十一日）は、一年でもっとも暑さが厳しくなるとされる大暑の頃。この日は暑中見舞いとして、路の義姉にあたるさきが嫁いでいた飯田町から、寒晒《かんざらし》し粉が一袋届いている。寒晒し粉とは、白玉だんごなどを作る時に使う、白玉粉のこと。もち米を粉にして、寒い時期に乾燥させたものだ。『東都歳事記』によれば、五月になると江戸の町を冷水・ところてん・白玉餅を売りあるく人が出はじめるというから、白玉粉で作った白玉餅は夏には定番の食べ物だったようだ。

夜には、隣に住む伏見家の子どもたちが来たので、「大黒花火・みけんじやく」、ネズミ花火をやった。いずれも玩具花火だ。子どもたちが夏の夜に花火を楽しむのは、江戸時代から変わらない。

七月十二日（八月八日）、ようやく立秋を迎え、暦のうえでは秋となるが、暑さは続く。七月十六日、十七日、十八日、十九日と続けて残暑の厳しさを書き記している。面白いのは、十九日のところ。「昨今寒暖計九十五分余なりと云う」と書かれている。寒暖計とは、温度計のことだ。『武江年表《ぶこうねんぴょう》』によれば、オランダ人が持ち込んだ温度計をもとに日本人が製造するようになったとのことで、天保年間（一八三〇～四四）頃には普及しはじめていたらしい。九十五分というのは華氏度での表記だから、現在の私たちに馴染《なじ》みのある摂氏に換算すれば三十五度にあたる。つまり、ここ数日の気温は三十五度超ということで、「猛暑日」が続いているということになる。

残暑と月見

七月二十七日（八月二十三日）は、暑さがおさまるという「処暑《しょしょ》」となる。しかし、暦と実際の気候は必ずしも一致せず、翌二十八日は「残暑は甚《はなはだ》だし」く、三十日も残暑。八月に入っても、厳しい残暑が続いていた。八月七日には「秋暑甚だし」とあり、十日には「残暑が厳しくて、凌《しの》ぎかねるほど」だった。

八月十五日（九月十日）は中秋の名月である。しかしまだ、「蒸し暑し」というから、秋らしさはあまりなかった。この日は朝から小豆《あずき》団子を家族で作り、お供えをしてから、一同で食事をする。隣の伏見氏にも、できあがった小豆団子のほかに、枝豆と柿を添えて届けている。伏見家の「内儀《ないぎ》」からも、きなこだんご、枝豆、芋が届けられている。滝沢家と同じ持《もち》筒《づつ》同心の松村氏は、萩の花を手にして滝沢家を訪れている。

家族でお月見を楽しんだ翌日、十六日の午後二時頃には雨が降り、「冷気」となる。十七日は終日雨で十八日も雨、そして「冷気」。十九日も雨。おそらく、雨で一気に季節が変わっていったのだろう。その後は、「暑し」と日記に書かれている日は八月二十七日を除いてなくなっていく。八月二十九日（九月二十四日）は秋分、暑さも次第にやわらいでいっただろう。

九月十三日（十月七日）も月見が行われている。「十三夜」といい、八月十五日の月見に対して、九月十三日の月見を「後の月見」などともいった。この日も、小豆団子を作り、栗・柿・枝豆などをお供えし、滝沢家では十三夜を祝って食事をしている。

冬の寒さ

十月十五日（十一月八日）には立冬となり、暦のうえでは冬となる。それから半月、月が変わって霜月、十一月一日（十一月二十三日）には、午前四時頃に「小雪」が降っている。初雪を見たこの日、本格的な冬の到来に備えて、滝沢家では薪《まき》・切炭《きりずみ》を注文している。翌二日は雨、三、四日は暖かく、五日は寒いと記されているから、ちょうど季節の変わり目といったところだろう。八日の朝には霜が降り、確実に冬の寒さが近づいてきている。

そして、十一月十六日（十二月八日）は曇り空だったが、日暮れ頃に雨が降りはじめ、深夜十二時頃には大雪となった。

十二月十一日（一月二日）、路の日記に「寒し」と記される。翌、十二日には「寒し、硯水《けんすい》初氷る」とある。「硯水」とは、硯に入れた水やそのために用意した水のこと。これがこの冬、初めて凍ったというわけだ。屋内にある硯の水が凍りつくほどだから、相当の冷え込みだったのだろう。十三日も前日同様の寒さとある。いよいよ、本格的な寒さがやってきた。

十五日は「小寒」、いわゆる寒の入りであり、一年でもっとも寒さの厳しい時期となる。この日から、寒中見舞いの来客が訪れ、贈り物が届くようになる。飯田町からは海苔《のり》、つぎからは干魚、鮒《ふな》昆布巻などが届く。二十三日には「少々霜降る、氷張らず」とあるので、それまでは毎日のように氷が張っていたということだろう。となれば、連日の最低気温は氷点下だったということになる。そして、年があらたまった嘉永五年（一八五二）正月元日（二月二十一日）、「新年の迎春」と路は一年のはじまりに記しているのだが、「迎春」どころか、暦のうえではこの日が大寒にあたっていた。正月七日は夜明けより雪、十二日は「寒気甚だし」と真冬の寒さが続いている。正月十五日（二月四日）、ようやく立春を迎え、暦のうえでの春を迎えたのである。

第二章

日々の暮らしとなりわい

江戸時代の男性の日記は、しばしば商売や村役人、あるいは武士としての業務日記のように公的なやりとりや、対外的な取り引きなどについて詳しく書かれていることが多い。

本書で取り上げる日記の書き手たち、すなわち女性たちも、時には家を代表するような存在として、あるいは夫のサポート役として、商売や家でのあれこれを記録している場面はある。さらに、妻として、来客の応接や饗応、ものの貸し借り、隣近所との付き合いや、生き物との交流など、男性の日記からはあまり見えてこない、家庭での日常が垣間《かいま》見られるような記事も少なくない。

ここでは、江戸時代の女性が日記に書き残した、「当たり前の一日」について見ていくことにしよう。

食と宴《うたげ》

和歌山の食卓

女性の日記を読んでいると、実に多様な食べ物が、詳細に書かれていて驚かされることがある。まずは、和歌山の川合小梅が書き留めた食の数々を紹介しよう。

海に面している和歌山だから、海産物は豊かである。例えば、嘉永二年（一八四九）九月七日、小梅の夫で儒学者の梅所《ばいしょ》とおなじ藩校に勤める富永章蔵へ贈ったのがボラ・鯛・海老《えび》。和歌山らしく、天保八年（一八三七）の正月二十五日には鯨肉を買っている。

少し珍しいものとして、マンボウを食べたという記述も見られる。マンボウは、フグ目《もく》で独特の形態をしており、温・熱帯の海を単独で泳ぐ魚である。定置網などにかかることがあるが、広く流通することはなく地元で消費されることが多いようだ。

嘉永六年（一八五三）二月二十六日に、小梅の夫、梅所がマンボウを食べたという。日高（現・和歌山県日高町）で獲れたというマンボウが、藩主の食事で使う魚や野菜を扱う「御納屋《おなや》」にあって、それをいただいたのだという。調理されたものは、油気がなくて吸い物にすると寒天のように溶けたとのこと。ただし、小梅は梅所から話を聞かされただけで、この時にはマンボウを食べてはいない。

念願のマンボウ

それから八年後、万延二年（一八六一）十月一日に、内藤甚五左衛門が小梅のところに来ていた。内藤甚五左衛門は、小梅の子雄輔の妻であるかのの姉妹の夫にあたる。内藤は子どもの頃に、川合家で勉強を教えてもらいに来ていたことはあったが、親戚になってから小梅のところに来たのは、これが初めてだったらしい。その彼が小梅のところに来て、「マンボウがあがったらしい」といっていた。

五日には内藤が再び川合家を訪れ、小梅が頼んでいた薬とともに「マンボウを贈られた」とある。あるいは、小梅が内藤に頼んでいたのだろうか。そうだとすれば、ほとんど初対面の人物におねだりしてまで手に入れたということになる。小梅は何としても食べてみたかったのだろう。小梅は、ようやく念願叶《かな》ってマンボウを口にすることができたのである。

マンボウは狙って獲るというわけではなく、たまたま網にかかったら食べるということらしい。だから、小梅たちにとっても、めったに手に入らない珍味だった。

牛肉を食べる

嘉永二年（一八四九）十一月二十八日、小梅のもとへ酒井省安が、寒中見舞いとして牛肉を届けている。寒さを乗り切るためのスタミナ食ということだろうか。十二月三日には、来客に酒・牛肉・寿司を取り寄せて出している。二日後の十二月五日にも牛肉を食べている。この日は寒中見舞いなどの来客があり、夜に「牛」を振る舞っている。来客に振る舞うくらいだから、食肉を禁忌とする感覚はあまりないようだ。少なくともコソコソと隠れて食べるようなものではなかった。この時は、「小梅うし三つたべて夜中腹いたみ下る」とあるから、小梅は食べすぎてしまったのだろうか。

文久四年（一八六四）二月十三日には、京都の酒井梅斎から届いた牛肉を食べている。酒井梅斎は、嘉永二年に小梅のところに牛肉をもたらしていた酒井省安の子で絵師だった。酒井家は、親子で牛肉が好きだったのかもしれない。「あつ物」にしたとあるので、牛肉を煮込んだスープのようなものにしたのだろう。肉は知人の「松下」にも少し分けてあげている。この年の十二月五日も、小梅は「松下建蔵」に牛肉を渡している。

もちろん牛肉だけではない。文久四年十二月一日には、猪肉が川合家に届けられている。元治二年（一八六五）三月二十九日には、和歌山藩家老の久野《くの》純固《すみかた》が根来山《ねごろやま》で狩猟を行った際、子の久野金五郎が初めて撃った獲物だといって、家老から鹿肉の下賜《かし》があった。この鹿肉も

「松下」と分け合っている。

小梅たちに牛肉を届けてくれるのが酒井親子だったり、お裾分け先がいつも「松下」だったりと、同じ名前がくり返し出てきているのが興味深い。食肉に禁忌はなかったとはいえ、好き嫌いの分かれる食材だったからか、肉好きだけのネットワークがあったのかもしれない。

料理人を使う

河内国古市《ふるいち》の商家、種屋《たねや》のサクたちのところにも、とても内陸部とは思えないような豊かな海の幸が届いている。日記に見えるのは、大伊勢エビ、エソ、小鯛味噌漬け、鰆《さわら》、大ハマチ、鰈《かれい》などなど。海産物を調理したものでは、鯛のあら汁、エイの炊《た》いたもの、アワビのワタ、あなごめしなど。海産物だけではなく、三月十五日には鶏肉の味噌漬け（「かしわみそ付」）も届いている。もちろん、毎日このようなごちそうを口にしていたわけではないだろうが、なかなかの豊かさである。

そのほか興味深いのは、サクたちが、しばしば備中《びっちゅう》という「料り人」に料理を発注して届けてもらっていることである。二月七日には「茶碗むし」を二つあつらえ、お隣の銀屋に届けている。代金は銀三匁である。この頃の大工の手間賃が一日三匁くらいだから、高額の「茶碗むし」は何かのお礼かお祝いなどに使われたのだろう。

万延元年（一八六〇）には、長く患《わずら》っていたサクの父、平右衛門《へいえもん》が死去した。長女のサクは葬儀などを手配することになるが、そこでも備中に世話になっていた。八月二十九日に万事手際よく差配してくれた備中親子に「志」を渡したうえで、九月一日にあらためて支払いをしている。

近隣に限らず、場合によっては大坂の業者を使うこともあったようだ。三月二十一日、法事を行うにあたって、大坂天王寺にある八百源に料理の相談をしている。献立を書いた物を持たせ、どのくらいの値段になるか聞いている。すると、「上は一匁八分、下なら一匁五分だ」という。今月は野菜が高くどうしても割高になってしまうが、来月なら少しお安くなるだろう……とのことだ。要は、ご予算にあわせて対応いたしますよ、ということだろう。三月晦《みそ》日《か》には天王寺八百源へ、献立を書くように依頼しているので発注が決まったようだ。

近世の共同体では、冠婚葬祭などの際に集まって飲食をする機会も多い。少人数なら、自分たちで用意したり、近所の手伝いでも対応できただろうが、大人数になれば材料の工面だけでも容易ではあるまい。儀礼的な共同飲食が滞《とどこお》りなく行えるように、必要に応じて業者を使う選択肢もあったというわけだ。

滝沢家の手料理

滝沢家は、さすがに江戸で生活しているだけのことはあって、日記には鶏卵や「かすていら」なども登場する（嘉永四年十一月十四日）。めずらしいところでは、「あひるたまご」なども（嘉永四年六月二十一日）。江戸で手に入る豊富な食材を列挙しても退屈だろうから、路《みち》たちが自分で作っていた家庭料理にはどんなものがあったのかを見てみよう。

日常的に食べるものではないだろうが、嘉永四年（一八五一）正月十八日には、お汁粉を作って食べている。この日は鏡開きで、正月にお供えした餅《もち》を下げ、無病息災を祈ってみんなで食べる。昼に「汁粉餅」を家族で祝ったあと、隣人の伏見庫太郎など大勢を招待して一緒に食べている。来られなかった隣人の伏見氏の妻や深田長次郎の妻にも、汁粉を鍋に入れ、さらにナマス（魚介などを薄く切って調味した酢に漬けたもの）を添えて持たせている。全部で「十五人前なり」とあった。ずいぶんな気の配りようである。

嘉永三年（一八五〇）十一月二十六日、夕方の四時頃に路は自宅でタクアンを漬けている。醤油樽に「辛づけ」大根を五十本漬けた。重しの漬物石を載せるのは、若い娘のさちの役目であった。醤油は樽で買っていたので、漬物を漬けるための空き樽はいくらでもあっただろう。嘉永四年七月六日に「辛づけ沢庵の口を開く」とあるので、半年漬けたタクアンが、この日から食卓に上ったことだろう。七月十五日のお盆に義姉が住む飯田町に行っているが、この時には「沢庵づけ大こん二本」を手土産に持って行った。手製の漬物が贈答品となっているのである。

三月二十四日には、タケノコ・蕗《ふき》・焼き豆腐の煮染《にし》めを作って、飯田町の義姉のところへ持参している。タケノコ・蕗とは、いかにも春を感じさせる旬の食材である。

嘉永四年（一八五一）三月二十一日には、知人の山本半右衛門養子の喜三郎が、「難痘」（天然痘）で亡くなっていたことを聞いた。すると路は、悔やみをいいに行き、帰ってくるなり「にんじん・里いも・焼豆ふ煮染《にしめ》」を作る、重箱に詰めて、山本のところへさちに持って行かせている。通夜や葬儀の準備、弔問客の対応などでバタバタしていて調理どころではなかっただろうから、こうしたものが届くのはありがたかったことだろう。

なめ物レシピ

嘉永四年九月一日に、路は親しくしている豆腐屋松五郎の妻から、なめ物の作り方を教えてほしい（「なめ物製方《せいほう》書付《かきつけ》呉《くれ》候《そうろう》様《よう》」）と頼まれ、レシピを書いて渡している。なめ物とは、野菜などを味噌に混ぜて作る〝嘗《な》め味噌〟をいう。調味料としてではなく、そのままでご飯のおかずや酒の肴《さかな》になる。この日、松五郎の妻は路のところでしばらくおしゃべりを楽しんでいる。そこで出されたなめ物がよほど美味しかったのだろうか。松五郎の妻は、うちでも作ってみようとレシピを教えてもらったようだ。

路のなめ物は、自慢の一品だったのかもしれない。嘉永三年（一八五〇）十一月二十三日には、雑談をしに来ていた深田長次郎に「手製なめ物」を一皿、進呈している。この時にも茶請けに出していたのだろう。

美味しい手料理は、コミュニケーションの潤滑油でもあったのである。

猫の生涯

滝沢家と猫

嘉永元年（一八四八）の五月八日、滝沢家に赤ブチの猫がやって来た。野良猫（「ふうらいねこ」）だったが、メス猫でお腹が大きかったので、追い払うのもかわいそうに思い、そのまま滝沢家で面倒を見てやることにした（『曲亭馬琴日記』嘉永元年七月二十一日条）。

そのメス猫は、六月十二日夜に元気な四疋《ひき》の子猫を産んだ。馬琴は、その子たちを引き取ってくれる人を探してまわり、猫の子は新しい飼い主のもとへともらわれていった。子猫には、緋縮緬《ひぢりめん》というから赤い縮《ちぢみ》織《お》りの絹で作った豪華な首輪を付けてやり、カツオ節も一本添えて、新しい飼い主に手渡されている。カツオ節は贈答用にも使われていたものだから、安いものではなかった。時期はやや違うが、江戸末期の慶応年間（一八六五〜六七）には、蕎麦一杯が二十文から二十四文だったが、カツオ節は極小のものでも百五十文から二百文もしていた。どれほど馬琴が子猫を大切に思っていたかがうかがえよう。

最後に一疋だけ残ったオス猫は、馬琴の手もとに残されて、滝沢家で家族の一員としてかわいがられることになる。馬琴は、その年の十一月に没するのだが、それ以降も路《みち》が猫の面

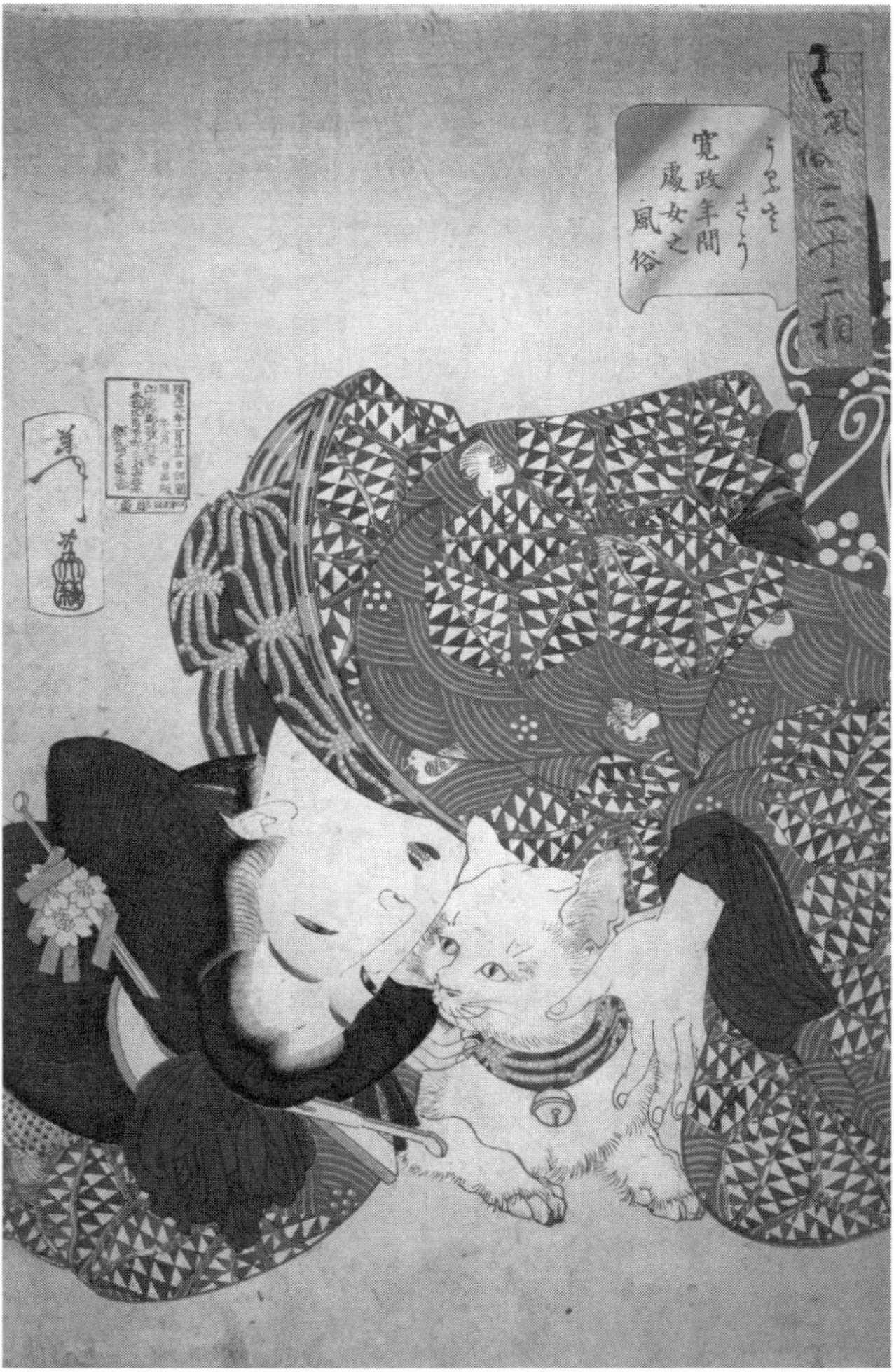

図2-1　江戸時代の飼い猫。この猫も滝沢家の猫と同じように緋縮緬の首輪を付けている。

倒を見ていた。

仁助と名づけられたオス猫は、戯作者《げさくしゃ》である馬琴に愛されて滝沢家で飼われたことで、誕生から（おそらくは）死の直前まで、その生涯を記録にとどめられることになった。これは、日本の猫史上でも希有《けう》な例といえるだろう。

とはいえ、仁助の一生は決して平穏なものではなく、むしろ波瀾に満ちていた。産まれてからわずかに一年、滝沢家では、大変な問題が発生していた。

路の子、馬琴にとっては孫にあたる太郎が長患《わずら》いで寝込んでいた。馬琴の長男で、路の夫の宗伯は病弱で、天保六年（一八三五）に死去しており、馬琴の孫にあたる太郎は、滝沢家唯一の男子であった。そのため、滝沢家の跡取りとして、馬琴は太郎に滝沢家の将来を託していた。苦労して手に入れた持筒《もちづつ》同心の株を継がせ、自身の諱《いみな》である興邦《おきくに》の名を太郎にも与えていたほどだった。その太郎の病は日ごとに重くなっていくため、母親の路は心配でならなかった。

もらわれる猫仁助

そんななかどうしたわけか、随分かわいがられてきた猫の仁助が、他所《よそ》にやられることになった。嘉永二年（一八四九）七月二十二日のことだ。

一昨年の五月に迷い込んできた猫が、六月十三日に産んだオス猫は仁助と名づけられた。しかし、太郎の体調がすぐれないので、やむなく他所にやることにしたところ、幸いにして宇京町の「のろ」という御番医者の方でほしいといってきた。夕方、その御医師のところから猫をもらいに来た。

路は仁助のことをかわいそう（「ふびん」）といいながらも、「秘蔵」の猫を泣く泣く他所《よそ》にやらなければならない理由を書いてはいない。この猫のせいで「太郎」が長患いをしているのだろうといっているのだが、猫と家族の病の関係がよくわからない。

実は、病人のあるところで猫を飼うと病気は治らないとか、病人のいる家で猫が死ぬと病人が治るなどという俗信があった。地域によっては、自分の家で産まれた子猫を飼うと家の相続人に危害を加えるともいわれていた。つまり、太郎の病がいつまでも治らないのは、猫を飼っているからだという人がいたのだろう。いくらかわいがっていたとはいえ、跡取り息子と猫のどちらをとるかとなれば、背に腹はかえられない。

そこで、路は猫がいなくなれば太郎の病気がよくなるかもしれないと考えて、かわいそうだとは思いつつも、泣く泣く猫の仁助を誰かに引き取ってもらおうとしていたのである。

仁助の脱走

ところが、もらわれていった仁助は、翌日に医者の家から逃げ出してしまう。仁助のことがよほど心配だったのか、路は、さちに医者の家での仁助がどうしているかを聞きに行かせた。すると、医者はしっかり縛っておいたのだが、午後八時くらいにはどこかへ行ってしまったというのだ。

これを聞いた路は、びっくりして嘆き悲しんだ。これまで大事にかわいがってきた飼い猫だから、急に迷い猫になってしまっては、きっと食べるものにも困っているだろう。かわいそうで、猫のことを思うと悲しくてならないと書き付けている。

このあと間の悪いことに、その日の午後三時頃になって、志田九郎町組屋敷《くみやしき》の幕臣である板倉家から、猫をもらいたいといってきたのである。路は、板倉家からの使いとしてやってきた下女に事の次第を語り、どこに行ったかわからないことを伝えると、その下女はあてがはずれてしまい、がっかりして帰ってしまっている。この依頼が、もう一日早く昨日のことだったなら、猫が行方不明になることはなかっただろうにと、悔やむことしきりであった。この日の路は、どうしようもない（「せん方なし」）と綴るしかなかった。

滝沢家に戻った仁助

猫の仁助は、預けられた医師の家を脱走し、路を悲しませていた。その後しばらく、路の日記には仁助についての記述が見られない。ところが、無事に仁助を見つけられたのか、あるいは別の猫の可能性もまったくないというわけではないが、嘉永四年（一八五一）二月二十九日には、突如として次のような記述が出てくる。

八時頃、長次郎が来た。猫仁助にめざしいわし二把を持参し、仁助に与えた。なお、金二朱が必要なので、ナイショで貸してくれないかというので、貸してやった。ほかに「鳥の箱」も借りたいというので、これも貸してやった。

近所の深田長次郎が、めざしを手にして滝沢家を訪れ、猫の仁助に与えている。めざしをもらった仁助はさぞやご機嫌だっただろう。

ただ、深田長次郎の本当の目的は、金二朱と「鳥の箱」を借りること。この土産は、仁助のためというよりは、その飼い主のご機嫌を取るために用意したものだろう。仁助懐柔作戦が奏功したのか、路は金も箱も長次郎に貸してやっている。長次郎も仁助も満足のいく結果となったのである。路は苦笑いしていたかもしれないが。

それからしばらく後のこと、仁助は五月二十一日の夕方に、滝沢家をふらりと出て行ってから丸一日帰ってこなかった。路は心配になって、あちこちを探しまわったけれど見つからない。いったいどうしたのだろうかと不安にかられている。というのも、路は前夜、仁助が頭に六センチほどの大きな傷を付けて帰ってきて、次女のさちが仁助に薬を付ける――という夢を見ていたのだ。そのせいもあって、路の心配はひとかたではなかった。

ところが、路の心配もどこ吹く風で、仁助は二十三日の明け方に何ごともなかったかのように、ふらりと帰ってきた。路は仁助が無事に帰ってきたことについて、「其《そ》の悦び限りなし」と書き留めている。仁助はとても愛されているようだ。

病気の仁助

嘉永五年（一八五二）正月十四日、この日は節分なのでごちそうを用意した。路の娘婿、当時の滝沢家当主吉之助が年男だったので「鬼打」（豆まき）をするはずだったのだが、出勤日にあたっていたので不在であった。そこで、滝沢家では隣家の林《はやし》簾《れん》太郎《たろう》に豆まきを頼んだ。豆まきの代理をお隣さんに頼むのか……とご近所付き合いの濃厚さにあらためて驚いてしまう。

いや、ここでの問題は豆まきではない。滝沢家では節分のためにごちそうを用意して家族で祝ったのだけれど、吉之助は出勤日だったので、自宅での食事とはならず「弁当」を持っての出勤となった。そこで、弁当にはせめてごちそうを、と「焼き物塩鱚《きす》」を用意していたところ、なんと猫の仁助が咥《くわ》えていってしまったのだ。吉之助のお弁当には「焼物なまぐさ」はなしというなんとも寂しい、ヘルシーすぎるものとなった。吉之助も奔放すぎる仁助には苦笑するほかなかっただろう。

ところが、閏《うるう》二月になると元気だった仁助が病気になってしまう。十日頃から体調をくずし、仁助は何も口にしようとしない。そんな状態なのに夜にどこかへ出かけてしまい、十三日になっても帰ってこないのだ。

猫は死に際を主人に見せないという。路は、もう死んでしまっているものとあきらめ、せめて仁助の死骸だけでもとあちこちを探しまわったが見つからない。どうしようもなく、ほうっておいたところ昼過ぎに、仁助が門口に「ヒヨロヒヨロ」と歩いて帰ってきた。たらいの水を飲もうとしていたところを吉之助が見つけて介抱し、「あかがねの粉と硫黄《いおう》」を飲ませ、「むき身食物」を与えた。

むき身はアサリやハマグリの貝殻をとったもの。仁助の好物だったのかもしれない。あかがね（銅）の粉を飲ませるというのは、少し不思議な気もするが、猫が病気の時には、水に入れた銅銭をこすってその水を飲ませればよいとか、銅の粉末を飲ませるとよいといわれていたようだから、薬として飲ませようとしたのだろう。

だが、それでも何も食べようとはしない。ただ、水だけは飲むので、とにかく水を与えて布団の上に寝かせておくしかなかった。

猫の薬が効いた

仁助の容態はなかなかよくならない。そこで、十四日には「尾張様長家下《ながや》」に猫の薬を買いに行ったが、薬は売り切れていたため、むなしく帰ってくることになった。霊験《れいげん》あらたかな水天宮《すいてんぐう》様のお札《ふだ》から一字分を切り取って飲ませようとしたりもした。仁助は何も食べようとせず、水さえも飲もうとしない。ただ息をするだけだ。かわいそうでしかたないと路は書き留めている。

翌日には、隣人の伏見氏がやってきて、仁助によい薬があれば買ってきてあげようといって出かけた。帰ってきたのは夕方の四時頃。あちこち探したがいい薬がなく、ようやく薬種店の主人に、そういう状態なら烏犀角《うさいかく》という薬がいいだろうと教えられ、その薬を買ってきてくれたのだという。烏犀角とは、サイの角から作られた薬で毒消しなどに効果があるとされる。猫専用薬というわけではなく、漢方薬の材料として使われていたものだ。日本国内には棲息していないインドサイやスマトラサイの角からとる薬だから、当然ながら輸入品である。安い買い物ではなかっただろう。雨が降るなか、仁助のためにこれほどまで尽力してくれた伏見氏に対し、路は「ありがたいお心だ」と心から感謝している。

すぐに薬を半分ほど服用させたが、やはり食べ物は口にせず、ようやく水だけを飲んだ。翌十六日には、「順庵殿」も猫の薬を持ってきている。和歌山藩医の坂本順庵である。滝沢家のみならず、これだけ多くの人びとが仁助のことを心配していたというわけだ。

薬が効いてきたのか、仁助の体調は次第に回復していく。十八日になると少し食欲が出てきたようで、貝の「むき身」を食べるようになり、夜には「飯」も少し口にした。そして、ついに十九日にはよくなったようで、ようやく食べ物をとるようになった。路は、仁助が回復し今朝は飯を食べたと記した。路は心から喜んでいたことだろう。

仁助の最期

多くの人に支えられ、仁助は無事に病気から回復した。嘉永五年（一八五二）には、深田長次郎の姉のよしに、仁助の「食物」を買ってきてもらうよう頼んでいたところ、四時頃に届けてくれた。仁助は、滝沢家のみならず、近所の人からも愛されていた。

仁助の苦難はまだまだ続く。嘉永六年（一八五三）二月十九日、深夜十二時くらいに仁助は帰って来たが、どうやら首から両手にかけてきつく縛られていたようだ。紐《ひも》を自分で噛み切って逃げ出してきたが、木綿の真田《さなだ》紐か縮緬のボロ紐がまだ絡みついている。深夜に騒ぎを聞いて起き出した吉之助が、仁助にかけられていた紐をハサミで切ってやった。滝沢家の面々は、仁助をかわいそうに思い、憤慨したことだろう。

路は、いったい誰の仕業だろうかと書き記している。ただ、その後に、おそらくは仁助がどこかで魚や鳥をくわえて持ち去ろうとしたところをつかまって、こらしめられたのだろう（「大方は魚類或は鳥抔《など》、銜《くわえ》去《さ》りし咎《とが》なるべし」）と記している。

仁助には、吉之助の弁当に入れるはずの鱚を持ち去った前科がある。普段も、なかなかにやんちゃだったのかもしれない。滝沢家のなかでなら許されても、他所《よそ》では笑って許してはもらえまい。そうはいっても、猫はお腹がすいていれば、目の前にある魚や鳥に手を出さずにはいられない。仁助にとっては、とんだ災難だった。

こうして、幾度となく訪れた絶体絶命の危機をたくましく乗り越えてきた仁助だったが、嘉永六年（一八五三）の暮れも近い十二月十四日、猫の仁助が昨夜から出ていってしまい、今晩は帰ってこなかったという記述を最後に、路の日記にその名が登場することはなくなる。五年間にわたって滝沢家の家族の一員として愛されてきた仁助は、本能的に死期を悟ったのか、夜のうちに静かに家を抜け出していた。その後、どこかで静かに息を引き取ったのだろうか。

いや、仁助のことだ。どこかで誰かに拾われて、その後も元気に生きていたと思いたい。

江戸時代の金魚飼育

金魚ブーム

金魚といえば、縁日の金魚すくいを思い出す。金魚すくいでとってきた金魚を持ち帰って飼っていた人も多いだろう。

江戸時代には、既に金魚が飼育されていた。正徳二年（一七一二）成立の百科事典『和漢三才図会《わかんさんさいずえ》』には、「金魚」の項目があり、外国から渡来し、近年はこれを「玩賞」していると書かれている。もとは、豪商や貴族、上級武士たちの観賞用として育てられていたものだが、次第に大衆化していった。

金魚飼育の裾野《すその》は広がり、寛延元年（一七四八）には金魚飼育のマニュアル『金魚養玩草《きんぎょそだてぐさ》』という専門書まで刊行されていた。この本は、その後も版を重ねているから、金魚飼育マニュアルの需要はそれだけ高かったということだ。十九世紀になると金魚ブームが起き、文化文政期の江戸では夏の風物詩として金魚を飼うことが流行していた。

金魚の愛玩は、江戸だけにとどまらず、紀伊和歌山にも及んでいたことが『日知録《にちろく》』からうかがえる。

和歌山城下の金魚たち

寛政三年（一七九一）のある日、峯《みね》の長男松之助が金魚を買いに出かけた。この日、松之助は緋鯉《ひごい》を一疋《ぴき》買って帰っているが、代金はわずか五文であった（四月二六日）。子どもの小遣いで買えるくらいの値段である。

ところが、これがきっかけで峯の家族は金魚愛に目覚めてしまったのだろう。彼女たちは本格的に金魚を飼うことにしたようで、六月になって庭に池を掘りはじめている。池を掘る職人はこの時期が繁忙期なのか、六日には他所《よそ》に行っていて来てくれない。池を掘

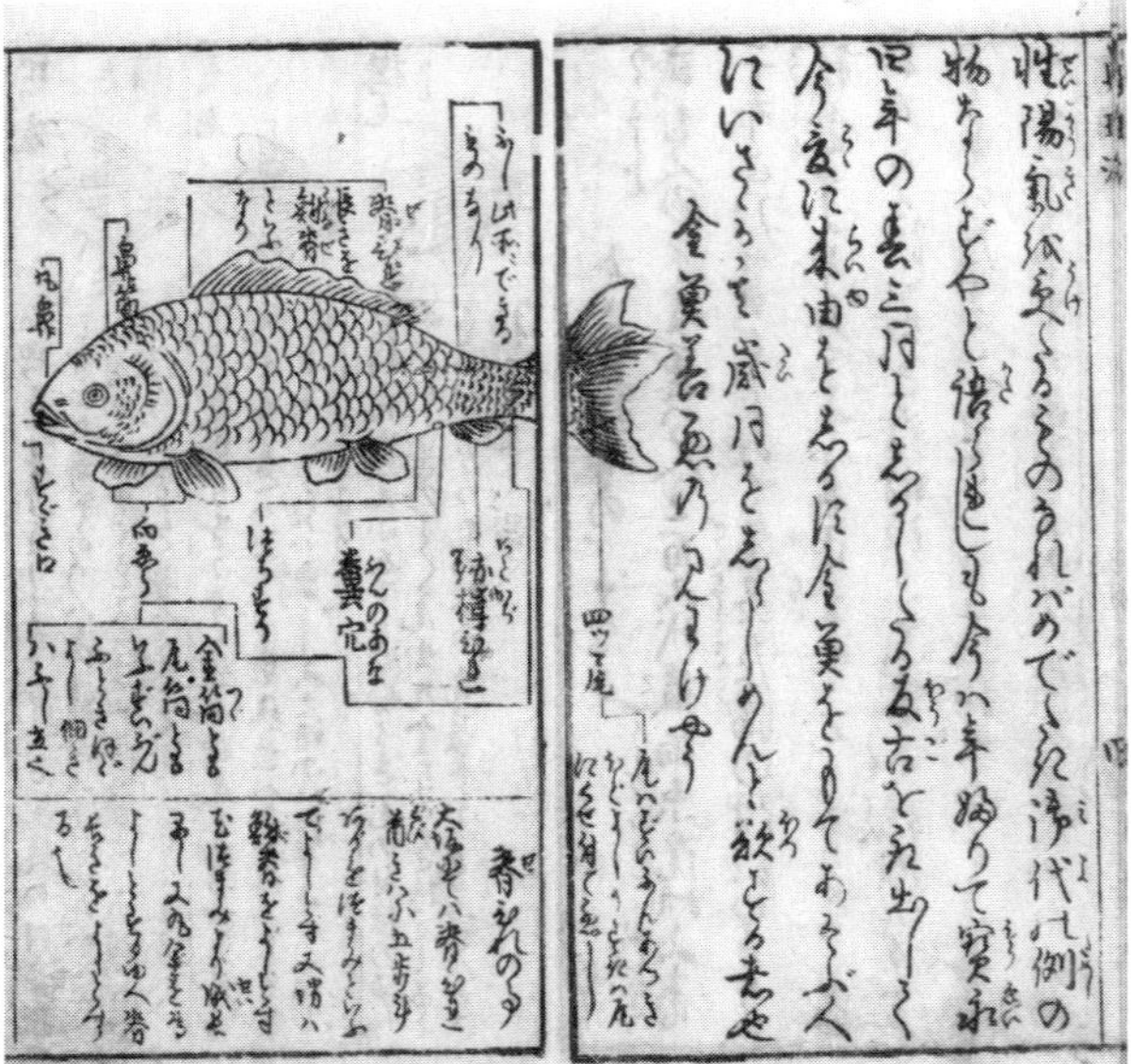

図2-2　江戸時代には金魚の飼育マニュアルも出版されていた。

る前の作業として、植木を移動させたうえで、本格的な施工に入る前の下掘をはじめていた。すると、加八・惣吉という二人が、自分たちは水漏れしないように池の底を粘土で塗りかためる「いけぬり」ができるという。二人は「夕がたまで」に池塗りを終えていた。

翌日には早速、池に水を入れて若干の手直しをした。そうこうするうちに、隣家から池が完成したお祝いとしてか、「金魚三疋」をプレゼントされている。どうやら、隣近所でも金魚を飼うのが流行《はや》っていたようだ。ところが、峯は「あく出し」が終わるまでは、しばらくそちらで預かっていてほしいと申し入れていた。

池ができたからといって、すぐに金魚を入れるわけにはいかなかったのだ。『金魚養玩草』の「泉水の作りやうの事」を見てみよう。この金魚飼育マニュアルには、池作りにあたって「土一斗と石灰《せつかい》四升の二つをよく混ぜ合わせ、そのまま水を入れ三日間に水を四五回入れ替え、しっかりとあくを取ってから魚を入れなさい」とある。石灰を入れると水がアルカリ性になってしまうので、すぐに金魚を入れると死んでしまうのだ。水を何度も入れ替えて安定させてから金魚を入れなければならない。峯たちが金魚を池に入れるのは、七日後の十四日になってからのことだった。

池の金魚たち

六月十四日、水替えをして金魚を池に入れる。この時、隣家から大きい和金（「大キナるわきんきよ」）を四疋、「小サキ筋」を一疋もらっている。さらに、知人からも大きいランチュウが二疋、別の家からも和金が二疋届けられた。和金魚とは鮒《ふな》に近い体型をした和金。「らんちう」は背びれがなく頭部に隆起がある品種である。これで、九疋である。

さらにもらいものだけではない。峯たちは、となりの吉助に頼んで金魚を調達に行ってもらっている。この吉助、金魚飼育の先輩だったのだろうか。彼の目利きで「らんちう大キナる筋一疋、中三疋」を銀三匁で買ってきた。もらいものとあわせて十三疋。多種多様な大小の金魚が池に放されて、池は一気に華やかになった。

金魚の行商人

金魚を手に入れるための手段は店舗に買いに行くだけではなかった。面白いことに、金魚の訪問販売さえあったのだ。池があり、金魚を飼っていることは外からでも見ればわかるからだろうか。六月二十七日に「金魚うり」が来ている。

『守貞謾稿《もりさだまんこう》』巻六によれば、金魚売りは三都、すなわち江戸・京都・大坂とも「夏月専らこれを売る」とあるから、やはり夏の時期に見られた商売なのだろう。金魚を飼育して、金魚売りに卸す「元店」が三都にあったという。和歌山に現れた金魚売りもどこかで仕入れてきたのだろうか。金魚売りが持参していたのは、「ことの外よき極上わきんぎよ十疋」というから高級品であった。

一目で気に入った峯が値段を尋ねると、十疋で銀六十匁なのだという。銀六十匁といえば大金である。一疋あたりでは銀六匁の計算になる。以前、三匁でランチュウが一疋と中型の金魚三疋を買ってきたことから見ても、相当に高価だ。峯は値段交渉をしようとしたが、金魚売りは強気で「まけない」と持ち帰ってしまった。

年代が違うので単純に比較はできないが、天保九年（一八三八）頃の同家では、下女奉公の給銀が一年で百二十匁ほどだから、六十匁といえば下女の給銀半年分にあたる（「下女給銀かし控帳」）。金魚屋が持参した「極上わきん」がどれほど高額だったか、想像がつくだろう。

いずれにしても、この頃和歌山でも金魚を売りに来る商人がいたこと、しかも金魚が相当の高額で売買されていたことがうかがえる。なお、峯のもとに持ち込まれていた金魚などはまだマシなほうで、『守貞謾稿』によれば高価なものは、「金三、五両」もするものがあるという。和歌山の金魚売りが極上十疋で銀六十匁とふっかけていたが、公定相場で銀六十匁が金一両にあたる。一疋で金三～五両の金魚となれば、容易に手が出せるようなものではなかっただろう。

ご満悦の峯

金魚売りは、しばらくすると峯のところに戻ってきた。別の家で一疋あたり四匁三分で五疋売ったので、こちらでも「まけましょう」といってきた。そこで、峯は銀八匁六分で二疋買い取っている。体長二十センチくらいの金色のもの、赤く腹の部分が白くなっている更紗《さらさ》金魚の二疋である。かなりの高額商品だったが、いやはやいい金魚、これは上物《じょうもの》だとご満悦である。

よほど嬉しかったようで、峯は外出先から帰ってきた長男の松之助にも金魚を見せている。まるで子どものようだが、松之助も非常に喜んでいる。家族ですっかり金魚にハマっていることがわかるだろう。翌日、朝早くから池の水替えを行ったうえで、「上物」の金魚二疋が池に入れられている。ここでも「ことの外よく候」と書いているので、よほどお気に入りだったのだろう。

七月三日にも池の水を替えている。池のコンディションを良好に保つには、こうしたメンテナンスが不可欠だったようだ。そして五日、この日は凌《しの》ぎかねるようなとんでもない猛暑(「けしからぬあつさ、凌《しのぎ》かね候」)だった。そこへ、先日の金魚売りがまたやってきた。売れ残ったので一疋持参したそうで、今度は二匁五分でいいという。峯は、さっそく買い求めている。

ただ、七月十九日の日記に、先日買った二十センチくらいの和金赤が一匹死んでしまったと書いてある。夏の暑さでもう弱っていたのかもしれない。

その後、次第に峯たちの家での金魚ブームは去っていったのか、徐々に『日知録』には金魚についての記事が見えなくなってくる。

なお、峯たちが金魚飼育に興じていた寛政三年（一七九一）といえば、天明の饑饉《ききん》からわずか三年、物価高騰による打ち壊しが各地で発生し、幕府では立て直しのために寛政の改革を進めていた真っ最中であった。

あきない

種屋《たねや》の発展

サクの家は屋号を種屋という商家で、当主は代々平右衛門《へいえもん》を名乗っていた。

元祖平右衛門は安永九年（一七八〇）に、二十六歳で河内国にある在郷町《ざいごうまち》の古市村《ふるいち》（現・大阪府羽曳野市）で商売をはじめた。在郷町とは農村部に発展した町で、古市村とはいうものの、その実態は商業などで栄えていた町である。平右衛門が古市で商売をはじめた当初、その財産は銀一貫百二十九匁八分、取り扱ったのは米・麦・雑穀・荒物《あらもの》（雑貨）・小間物といった商品である。それから二十年後、享和元年（一八〇一）には初代平右衛門の財産は、銀八十七貫六百六十九匁に加えて、家屋敷などの不動産や衣類などが二十貫の計百七貫六百六十匁にまで増えている。

その後の経営も順調で二代目平右衛門の頃には、一年間の利益は金百両にのぼっていた。文化十四年（一八一七）、二代目平右衛門の時には米、麦、大豆などの穀物や塩・茶・綿、さらに荒物・小間物など従来の商品の売買に加えて、貸家経営、地主としての土地の貸し付け、金銭の貸し付けなどの金融業など、その経営内容は多岐にわたっていた。

サクの父にあたる三代目平右衛門が引き継いだ時、その財産は二百八貫六百七十匁に及び、それを天保十五年（一八四四）末までには二百三十八貫四百六十三匁余にまで増やしていた。種屋は、初代平右衛門が古市村で商売をはじめてからわずかに六十四年、親子三代で財産を二百倍以上に殖やしたことになる。

サクの背負ったもの

しかし、安政七年（一八六〇）に種屋は危機に直面していた。

三代目平右衛門が病で寝込んでしまう。跡取りの男子がいなかった種屋では、長女のサクが和泉国の踞尾《つくのお》村（現・大阪府堺市）から婿養子の格之助《かくのすけ》を迎えた。婿養子に商売を一日も早く覚えてもらい、種屋を任せたいという思いだった。ところが、婿養子は種屋に深刻な損害を与える不祥事を起こし、離縁に向けての手続きが進められていた。

当主の平右衛門は重篤な病気、迎えていた婿養子も不祥事で離縁という事態にあって、長女のサクが種屋の代表として、その舵《かじ》取りを任されることになったのである。この時、サクは十九歳（満十八歳）であった。

サクは、通い番頭の中栄介のサポートをうけながら、平右衛門三代が大きくしてきた種屋の多岐にわたる経営を維持するという、重い責任を負ったのである。

地主として

サクは、地主として小作人と向き合うことになる。小作人からは、小作米を徴収しなければならない。多額の滞納や問題があれば、土地を取り上げたりもすることになる。

二月十九日、サクは母親から、「小作人の茂七《もしち》がこれまで耕作してきた土地を今年からこちらに返すように、お前さんからいってくれ」といわれた。サクたちは、「悪心《あくしん》」を起こした茂七から迷惑をこうむっており、もう茂七に小作をさせておくことはできなかった。そのため、十九歳のサクは一家の主《あるじ》として、小作地の取り上げを告げねばならなかったのである。小作人とはいえ、相手は恐らく自分よりも年上であろう男性である。サクには気の重い役目だっただろう。

また三月二十二日には、小作料の滞納をしている辻又という人物をめぐる問題が浮上する。滞納している銀百五十匁を「百匁用捨《ようしや》してくれ」と頼まれたのである。後述するように、滞納している銀百五十匁で、当時の相場で一石（百八十リットル＝約百五十キロ）以上、つまり大人が食べるほぼ一年分の米を買うことができる。いくらなんでも、その三分の二を帳消しにするようなわけにはいかない。サクもこんなことをいってくる厚かましさには呆《あき》れたことだろう。若い女性だからといって見くびられるわけにはいかない。「さっぱり取り上げ申さず」と日記に書いているので、きっぱりと断ったようだ。

商品の仕入れと販売

種屋での物品売買は、サクが仕入れや販売価格などの決定や交渉などもしなければならない。経験豊富な通い番頭の中栄介の力も借りるが、最終的な判断はサクにかかっている。

二月二十五日に商人の「灰林」が来ていたので、中栄介を呼んで「塩の話」をしてもらい、塩五駄《だ》を注文している。「駄」とは、馬一頭分に背負わせる荷物のことで、江戸時代には一駄を三十六貫（約百三十五キロ）としていたので、五駄なら六百七十五キロになる。文化十四年（一八一七）の記録では塩の在庫は二駄だったので、約半世紀を経たサクの頃には、取扱量も倍増していたのかもしれない。

三月十四日には、上質で安価な薬があるということで、「値段書」を持って来た人がいた。いい話だったようで、翌日には値段書を持って来た人が薬屋を連れてやって来て、サクの母が面会している。母と薬屋の間で話がまとまったようで、薬を買う約束をしている。十七日に大坂から届いたのは檳榔子《びんろうじ》というものだ。ヤシの一種の実を使った漢方薬で、主に熱帯地方で生産されるものなので貴重な輸入品である。価格は銀二貫三百四十匁。単純に比較はできないが、初代平右衛門の最初の資産が一貫百二十九匁余だったわけだから、その二倍以上だ。非常に高額の薬であり、これも商品として仕入れたものだろう。

四月二日には、道明寺村（現・大阪府藤井寺市）にあった米屋に米価を問い合わせている。一石あたりの価格は銀百二十八匁とのこと。米は大坂にある堂島《どうじま》米会所で取引が行われており、米価格は日々変動していた。この前日、四月一日の大坂相場では一石あたり銀百二十八・八匁なので妥当な金額である。同日、小左衛門から一石あたり百二十三匁で売ってくれという申し入れがあったが、サクは断っている。その後、大善という人物からも引き合いがあったが、価格が折り合わず売却を見合わせている。

商売をするには、商品の品質を見きわめ、売れ行きを予測して適当な仕入れ量を決め、適切な価格で販売することが必要となる。そのためには、常に相場などの情報をしっかり把握しておく必要がある。種屋の取扱品目は増えていたから、幕末の複雑な経済状況のなかにあって、経験の乏しいサクは、常に難しい判断を迫られていただろう。そんななか、サクは善戦していたといえそうだ。

銀札の風聞

商取引にあたっては、銀札が使われている場面が多い。江戸時代には、藩や旗本、寺社や町人などが銀の代用として発行した紙幣を銀札といい、その利便性から広く用いられるようになっていた。銀札は、求められれば発行者が銀と交換することになっており、交換が問題なく行われている限りは銀札の信用もあった。しかしながら、藩などが交換するだけの銀を十分に用意することなく銀札を濫発《らんぱつ》するようになると、銀札の信用は低下してしまい、価値が下落することになる。

サクが暮らす河内国は、非領国地帯といって、まとまった領域を特定の藩が支配するのではなく、複数の領主がモザイク状に入り組んだ状態で支配していた。そのため、藩の領域を越えて多種多様な藩が発行する銀札が流通するようになっていた。当然ながら、商人たちは手もとの銀札が紙きれとなってしまわないように、多様な銀札発行者の経済状況には神経を尖らせておく必要があった。

三月二十日、サクは「和州小泉札と河内狭山札について悪い風聞がある」と聞いた。和州小泉とは、大和小泉（現・奈良県大和郡山市）に陣屋を構えた小藩、同じく河内狭山は河内国狭山（現・大阪府大阪狭山市）に陣屋を構えていた小藩である。早速、サクは噂《うわさ》の真偽を確かめるために古市村の西隣にある軽墓村の質源のところへ行った。質源は、名前から見て質屋だろう。商売柄、金融情報には精通しているはずだ。さらにいえば、軽墓村は狭山藩領だったので、狭山藩の様子を知るうえでもうってつけだったと思われる。質源の答えは、問題なく札と銀を「交換しているよ」というものだった。まずは、ほっと胸を撫で下ろしたことだろう。ただ、翌日には大坂で銀札を五百匁交換し、さらに四日後にも軽墓村で銀札を交換している。万一のことが起こる前に換金しておく方が安全だと判断したのだろう。

金融と金・銀

サクの日記には、金融関係の記録もしばしば見られる。多いのは、やはり貸し付けていた金銭の返済についてである。返済にあたって興味深かったのが次の記事である。

三月八日、隣村誉田村《こんだ》のじゅんが借りていた銀百匁を返済するために金一両と銀札十五匁を持ってきた。ところが銀十一匁だけ足りなかったという。

さて、この記事から金一両＝小判一枚が銀で何匁に相当するか計算してみよう。

金1両＋銀15匁＝銀100匁－銀11匁

なので、

金1両＝銀100匁－銀11匁－銀15匁

となり、金一両（小判一枚）は銀七十四匁という計算になる。これは妥当なのだろうか。

神戸大学経済経営研究所と公益財団法人三井文庫が、共同で運営する近世経済データベースというサイトがある。これは、大坂三井の両替店に残された記録「日記録」から、毎日の金銀銭、米価などの相場を抽出したものである。早速、該当する安政七年＝万延元年（一八六〇）の三月八日を見てみると、この日の大坂相場では、金一両が七十四・四一匁だった。この前後数日は一両が七十四匁前後で推移しているので、サクは相手の足下を見て恣意的に計算するようなことはなく、時の金銀相場に基づいて適正に換算していたことがわかる。

じゅんは翌日にはちゃんと不足分の十一匁を持って来ている。銀がなかったから、たまたま手もとにあった小判を持参したわけでもなさそうだ。じゅんは小判と銀札を持参し、計算してもらったうえで、あとで不足分を持参するのも面倒だっただろう。実際、隣村から二回も古市に足を運ぶ結果になっている。なぜそんな手間のかかることをしたのだろうか。

そこで、もういちど近世経済データベースだ。安政六年（一八五九）六月から翌年五月末までの一年間にわたるデータを次頁にグラフ化してみた。すると、安政六年から七年にかけて、金の価格が上がってきていることがわかる。安政五年（一八五八）に幕府は、アメリカをはじめとした諸外国と修好通商条約を締結したが、国内の金銀の交換比率と海外の交換比率が大きく異なっていたため、外国人が銀を持ち込み、日本国内の金が大量に海外に流出した。銀を売って金を買う動きが進んだことで金価格の上昇につながっていったのだ。じゅんがそのことを知っていたとすれば、銀で借りたお金を、価値が上昇している金で返済すれば、いくらか有利になることを理解していたということになろう。

江戸は金遣い、大坂は銀遣いなどといわれる。まあ、それはそれで間違いだというわけではないのだが、サクたちが生きていた世界は、そんなひとことで括《くく》れるような単純なものではなかったのである。

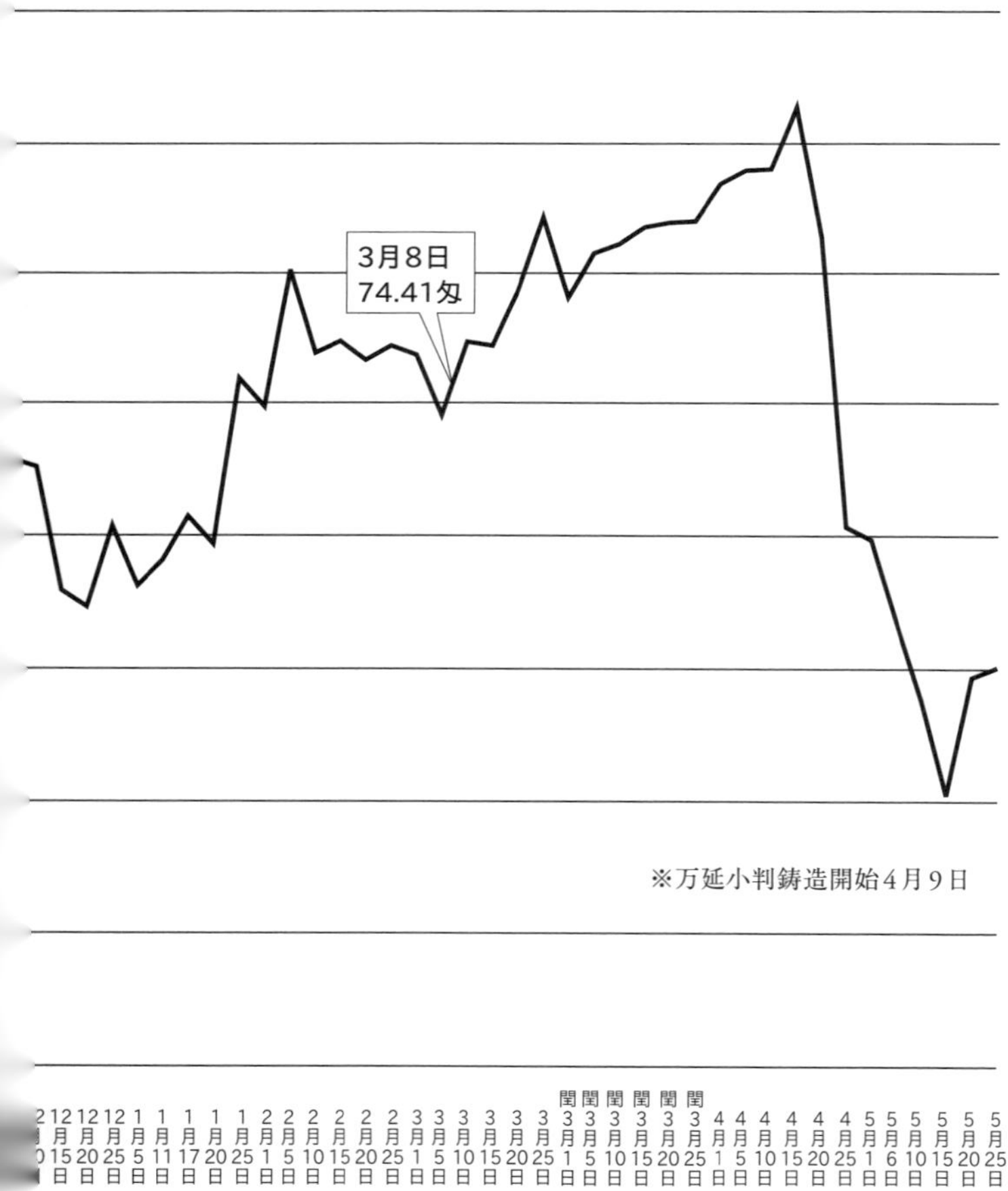
3月8日
74.41匁
※万延小判鋳造開始4月9日

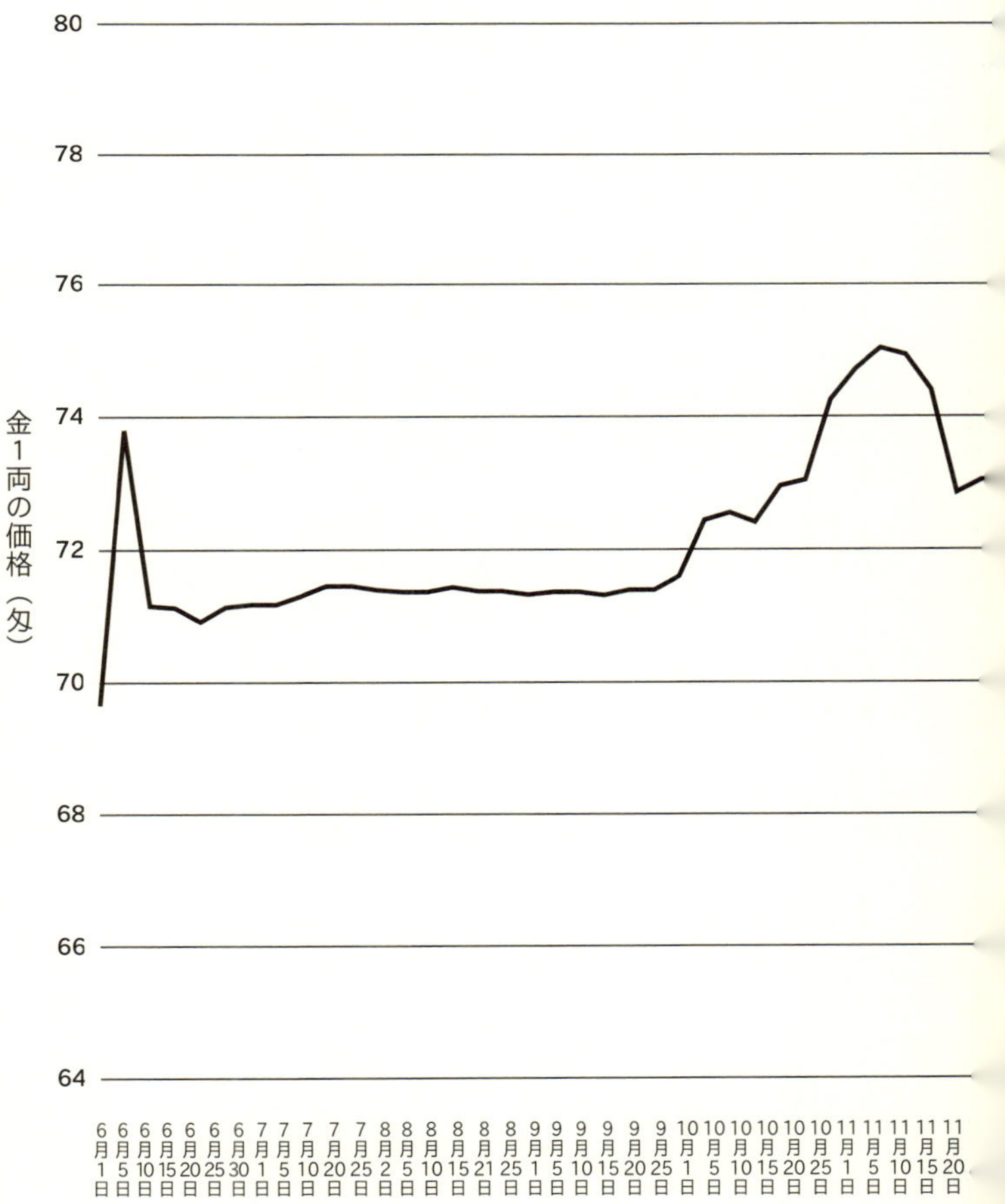

図2-3　安政6～7年の金銀相場の変遷

贈答と貸し借り

日記と性差

女性の日記を読んでいると、男性が書く日記とは違うな……と感じることも多い。特に強く印象に残ったのは、贈答や貸し借りの記事の多さであった。

男性が日記を書く時には、しばしば村役人として、あるいは商人とし、武士として、その立場で見たできごとを書く。いわば業務日誌に近い。だから、男性は日常的に隣近所や知人との間で行われているような、些細な貸借はほとんど日記に記録しない。日記だけではなく、現在まで伝わる古文書の大半は、長期にわたって記録して残すことを前提に作成されたものである。金銭や不動産の貸借、売買についての情報は多い。しかし、口頭ですまされるような日常的な貸借行為は、書面での記録作成を必要とせず、史料がほとんど残らないのだ。

ところが、本書で取り上げる女性の日記には、しばしば日用雑貨の貸し借りや小さな贈答まで、詳しく書かれているのが面白い。女性自身が日常的な貸借や贈答に対応していたことも理由のひとつだろう。また、一家を切り盛りするうえで、贈りものに対してしかるべきタイミングで適切なお返しをするためにも、女性には贈答の経緯や内容を忘れないように、きちんと記録にとどめておく必要があったのかもしれない。

ここでは、河内国の新興商人だったサクの日記から、どのような贈答や貸借が行われていたかをのぞいてみよう。

贈り物

安政七年（一八六〇）のサクによる日記を見れば、贈答品は想像以上に多種多様である。二月八日の出産見舞いに届けていたのは「氷とうふ」を五十。これは、豆腐を凍らせて乾燥させた高野豆腐だろう。五十というと多いような気もするが、軽くて運びやすいし、保存が利くから、もらっても長期保存ができる。タンパク質が豊富で栄養価も高いから、出産後の見舞いとして届ければ喜ばれただろう。

羊羹《ようかん》、あんころ餅《もち》なども、お礼やあいさつなどで折に触れて贈り届けられている。そのほか、贈答品というと大げさだが、料理なども身近な人に届けられている。例えば、煮染《にしめ》（二月十六日）、「色飯」（＝炊き込みご飯・二月二十八日）、寿司（三月八日）、餅などだ。これは、いわばお裾《すそ》分けという感じだろうか。

もちろん、サクだけが一方的にあちらこちらに贈り物をしていたわけではなく、サクたちの家にもさまざまなものが到来している。

いただき物

堺からサクのもとに届いていたのは、赤飯と「大伊勢ゑび」、赤貝が十に箱入りの饅頭《まんじゆう》だ(二月十五日)。同じ日の午後四時頃には、別のところからエソという魚も三つ届いた。なかなかのごちそうである。

ただ、面白いことに、こうしたいただき物は、あっという間に他所《よそ》に行く。その日のうちに、「エソ二疋《ひき》と貝五つは、ちょうど泉州貝塚(現・大阪府貝塚市)からサクの家を訪れていた「新衛門」の名前で、古市《ふるいち》村内にある真蓮寺に届けられた。翌、十六日には、伊勢エビの半分が知人に届けられている。サクの日記を読むと、いただき物を他所にまわすことに抵抗感を持っていたようには思えない。ごちそうが届いたからといって、それがお腹《なか》におさまるとは限らないのである。

なお、いただき物にはウラがあることもあるから、喜んでばかりもいられない。午後四時頃、南安兵衛の女房がミカンを九つ持ってきた(三月十九日)。そして「夕方」というから、それからあまり時間をおかず、今度は安兵衛の息子がサクのところに来た。要件はといえば、借金である。ミカン持参は、借金の相談前にご機嫌をとっておこうという魂胆《こんたん》だったわけだ。サクは一両二朱を渡したとあるから、それなりにまとまった金額を借りに来ていたのである。

商品券

贈答品として、現在もビール券や図書券などの商品券が使われることも多いが、同様のものは江戸時代にもあった。

サクの日記にも、板（＝蒲鉾《かまぼこ》）印紙（二月十七日）、酒印紙（三月二十四日）、饅頭印紙（三月二十四日）、湯葉《ゆば》切手（九月三日）などが見える。なかなかのバラエティである。

商品券が便利なのは、小さく軽いから遠方へのお届けもしやすいということがある。受け取る側も、傷むものではないので、商品券の状態で保管しておいて、必要な時に品物に交換すればいいという点もありがたいだろう。

また、贈る側の視点からいえば、あらかじめ多めに買い置きができるというのもメリットだろう。贈答用に羊羹や饅頭を大量に用意しておくわけにはいかないが、商品券なら一定の数量をまとめ買いしておけば、臨時の冠婚葬祭や贈り物への返礼などで、いつでも使うことができる。

例えば三月十日には、大坂に所用ででかける通い番頭の中栄介に、仏事での配り物で使うために亀屋という店の饅頭印紙を十枚、買ってきてくれるようにと頼んでいる。

なお、閏《うるう》三月五日に菓子商の上野で饅頭切手を二十五枚購入し、親戚の大和屋市次郎・綿屋三郎兵衛に三枚ずつ届けるように依頼していたが、上野のミスで羊羹切手を三枚ずつ渡していたとある。これは、単に饅頭と羊羹を間違えたというだけではなかった。饅頭よりも羊羹の方がグレードが高く、それだけ余計に出費が増えてしまうことになった。

貸し借り

現存するサクの日記は二月七日からはじまっている。その冒頭は、いきなり葬儀についての記述である。竹屋さつが死去したので、竹屋から筵《むしろ》と膳組《ぜんぐみ》を借りに来た。サクは快く筵を大小六枚と膳組を貸し、さらに使用人の孫八を葬式の手伝いに行かせている。

膳組とは、ここでは食事に使う食器、一人前のセットのこと。当時はちゃぶ台に揃って食事をするようなことはなく、一人ひとりが膳という一揃いの食器を、それぞれの前に置いて食事をしていた。大抵の家庭では家族の人数分にくわえて、来客用の膳を用意しているものだが、来客が多くなると用意していた膳だけでは足りないこともある。葬儀にあたって、会葬者に食事を出すとなれば、それだけの膳が必要になる。不足分をサクのところに借りに来たということだろう。

そのほかにも、あちらこちらから大小さまざまなものを借りに来ている。二月七日には奉公人の卯八が、女房が怪我をしたといって酢を借りに来ている。これは、負傷したところの消毒用だろうか。二月十三日に「大善」という人に貸したのは黒い袖合羽《そでがっぱ》。これは、袖のついた防雨服だが、雨天に限らず旅行時に使用されることも多いので、旅行用に借りに来たのかもしれない。合羽は、十七日にお礼の寿司が添えられて返却されている。

合羽だけではなく、傘も貸している。二月二十七日、通いでサクの店で事務や経理を取り仕切っていた番頭の中栄介が、番傘を借りている。

こうした、細々としたものが日常的に貸し借りされているのは興味深い。普段、頻繁に使うわけでもないものなら、各家庭に揃えておく必要もなく、共同体にひとつあれば十分。必要な時には「おたがいさま」で、貸し借りしあって間に合わせるというわけだ。無駄のないくらしの智恵といえよう。

とはいえ、日常生活を送るためには、常に誰かと関わらなければならない状態にあるわけだから、村八分にでもあえば、たちまち生活が成り立たないということにもなろう。それだけ、共同体のしがらみから容易に抜け出せないようになっているともいえる。

また、「おたがいさま」とはいえ、経済力によって自然と借りる方が多くなってしまう家と、貸す方が多くなる家に分かれてくるだろう。日常生活での「貸し借り」の蓄積は、それだけ共同体内で目に見えない序列や力関係を作りだしていっただろう。前近代社会を過剰に理想化するわけにはいかない。

ご近所さん

拝領屋敷のお付き合い

滝沢家は、馬琴が幕府御家人《ごけにん》として鉄炮を預かる持筒《もちづつ》同心の権利を買い取り、武士としての身分を手に入れていた。それにともなって鉄炮組の同心が幕府から拝領している四ツ谷信濃仲町の屋敷に住むことになった。武家屋敷なので、隣近所はみんな武家である。同僚たちも多く、日頃の付き合いをちゃんとしていないと、仕事にもさしつかえかねない。

南隣の伏見氏のように、滝沢家と家族ぐるみの付き合いをするような家もあるが、なかには滝沢家を快く思わない者もいる。そうはいっても、簡単に引っ越すわけにもいかず、なんとかやっていかないといけないのが、ご近所付き合いの難しさである。

特に路《みち》たちを目の敵《かたき》にするようになっていたのが、滝沢家の隣に住んでいた林猪之助の妻だった。

仲がいいのを妬《ねた》んで……？

路と林氏の妻の関係が悪化した理由について、日記には明確に書かれていない。ただ、関係悪化の予兆は嘉永二年（一八四九）九月に見られている。路の子、太郎が病の床にあった頃だ。

これまで、林氏の妻との関係は良好だった。この林氏の妻と路が仲良くしているのが面白くなかったのか、持筒同心の高畑氏「内儀《ないぎ》」が、林氏の妻に色々と路の悪口を吹き込んでいたらしい。林氏の妻はそれを聞いて腹を立て、滝沢家と疎遠になってしまったのである。

林氏の妻のところへ、山本半右衛門がおもむいて、滝沢家では一向に知らぬことで、高畑氏の妻の悪巧みで林・滝沢両家の仲を裂いたのだと説明したことで、ようやく林氏の妻の心も晴れた。九月十九日、誤解を詫びに林氏の妻は滝沢家を訪れている。十九日の日記には、「林氏の妻が来て、しばらく雑談して帰った」とあるだけだったが、「雑談」の内容とはそういうものだった。

十九日に謝りに来ていた林氏の妻に対して、路は何ひとつ含むところはないと伝えたので、関係は改善された。その後は、林氏の妻が夜に太郎の看病に来てくれ、ねんごろに世話をしてくれるようになった。九月二十六日も、林氏の妻は太郎の徹夜の看病に来ていた。

路は、高畑氏の妻の行動について、女の嫉妬心は恐ろしいから気をつけないといけない（「只々恐るべきハ嫉ある女子也、よく〳〵慎むべし」）と書いている。あるいは、高畑氏の妻による離反工作が功を奏して、後に林氏の妻と路の関係が悪化したのかもしれない。

こじれた隣人との関係

嘉永二年（一八四九）十二月五日の朝には「林内儀」が路のところに来て、昼まで雑談をして帰っている。その後、夕暮れ頃にまた来て、「おこし盆」を持参し、また午後八時頃まで雑談をしている。翌年の正月二十八日には、昼過ぎに林氏の妻が来て、前々からの約束だった三味線を伴奏に物語る清元節《きよもとぶし》（「清元上るり」）を、路に教えてもらっている。この頃は仲良くやっていたようだが、次第に険悪になってくる。

関係がこじれるのは四月頃だ。嘉永三年（一八五〇）四月十八日、路の日記に「林内儀が腹を立てて、こちらを罵《ののし》って何度も騒ぐ」と書かれている。林氏の妻が立腹しているのは「去る二十日から」とあるが、この記事は十八日。なので、三月二十日に何らかのトラブルがあったのかもしれない。ただ、後の日記には「四月二十」日と記しているので、路は日にちについては勘違いがあるようだ。いずれにしても「何か」があったのは、この頃だろう。

その日の晩に、林氏の妻は滝沢家の窓辺にやってきて、ずっと悪口をいっていた（「讒言《ざんげん》已《や》む時なく」）。路も腹に据えかねるところはあったようだが、「堪忍《かんにん》を宗《むね》とせよ」という馬琴の遺言（『吾佛乃記』家説第四）があったので、それを守り、路からはひと言もいい返すことをしなかった。ただ、路は「実に嘆息の事なり」と日記に書き付けるばかりである。

エスカレートする行動

その後、林氏の妻の行動はエスカレートしている。五月三日には「狂気の如《ごと》く大声にて」罵り騒ぐというわけだから、これは相当に迷惑だったことだろう。さらに林家の子どもたちも巻き込んで、滝沢家への嫌がらせを開始した。子ども二人が、滝沢家の垣根にのぼって、こちらの北側の窓から屋内をのぞき込んで、何かいっている。路はその態度に腹を立てたようで、日記には「其《そ》のふるまひ言語道断」と書き付ける。

さらに林氏の妻は、滝沢家を訪問しようとする人を強引に引き留めては、「絶対に滝沢家に行っちゃダメだ」といっているという噂《うわさ》もあるらしい。これについては、おかげで来客が減って、ゆっくりできるようになっているので、路は「こちらとしては、却《かえ》ってありがたい。少しも困ったことはない」と笑いの種《たね》にしている。

ただ、路は続けてこのように書いている。どうやら、うちに来る人のなかには事実無根のことをあたかも事実であるかのように、林氏の妻に告げ口している者がいるようだ——と。

広がる噂

五月十日、路の娘であるさちが銭湯に行った時のこと。そこで山本半右衛門の妻と出会った。山本半右衛門は滝沢家と同じ同心仲間で、さちの兄の太郎が見習いだった時には師匠役でもあったから、知った仲である。そこで、しばらくおしゃべりをしていたところ、路が山本家や近所の人のことを中傷しており、みんなが怒っているのだという話になった。

さちの話を聞いて、路は自分たちが他人を中傷したことなどないので、これは林氏の妻がいいふらしていることに違いないという。「笑ふべし、憎むべし」と路は日記に書き付けたが、次第に笑ってもいられない事態になっていく。

翌日、さちに噂を伝えた山本半右衛門の妻が来て、林氏の妻が行っている中傷について話をして帰った。その後、夕方には坂本順庵も来たが、その用件も林氏による中傷のことだった。順庵は、山本半右衛門をはじめとして、鉄炮同心で隣人の岩井政之助、同じく鉄炮同心の梅村直記《なおき》もことのほか立腹しているといい、耳にした中傷なるものをすべて路に話して聞かせた。そのうえで、順庵は「かようなわけで、当分の間は絶交同様と致すので、あしからずさよう心得られよ」と告げた。滝沢家との絶交宣言である。

対する路も決して怯《ひる》まなかった。「当方としても絶交は望むところですので、異存はありません。承知いたしました」と毅然《きぜん》と答えている。相手の順庵は、和歌山藩の医師で、路の日記では常に「殿」という敬称がついて登場するような人物だが、ここまで強気に出られたのは、自分に非はないという確信があったからだろう。順庵との絶交に至ったのは、林氏の妻の讒言のせいにほかならない。この記事のあとに、路は林氏の妻の「讒言浅智《せんち》」には嘆息のほかないと書き付けている。

和解の提案

そんななか、五月十六日の昼過ぎに隣人の岩井政之助がやってきた。岩井は、林氏の妻による種々の誹謗《ひぼう》中傷に立腹しているが、自分が仲裁するから、もう路と林氏の妻で「和睦」をしてはどうか、という。仲直りの提案である。

路としては、こちらとしては知ったことではなく、和睦の意思はない（「和睦の心これなく候」）というのが本音だった。しかし、あまりにあちこちに林氏の妻が誹謗中傷をしてまわっており、結果的に自分だけでなく、梅村直記・岩井政之助・山本半右衛門、そして坂本順庵にも迷惑を掛けているのは申し訳ないので、和解ができればと応じ、岩井氏に任せることにした。路は、岩井政之助について、「まだ若いのに奇特なものだと感服するばかりだ」と日記に記している。政之助は、二十二歳の若さであった。

翌十七日には、山本半右衛門が路を訪問、さらに「絶交」を伝えていた坂本順庵も夜には滝沢家に来て話をして帰っている。恐らく、岩井政之助がとりなしてくれたのだろう。こうして次第に誤解も解けていったようだ。その後、林氏の妻をめぐるトラブルは次第に沈静化していったのか、日記にはしばらくの間、それらしい記事は見えなくなる。

林氏の妻の再訪

そして十月八日、滝沢家を林氏の妻が訪問した。一年前の十月九日に路の子、太郎が死去しており、ちょうど一周忌を迎える頃。仏前のお供えとして頼んでいた饅頭《まんじゆう》と薄皮餅《もち》が届いたので、隣近所にも届けていた。そのお礼として、林氏の妻が落雁《らくがん》(干菓子《ひがし》)を持参したのである。これまでのわだかまりはなくなっていたのか、林氏の妻は路としばらく話をして帰ったという。ただ、路は林氏の妻がうちに来たのは「四月六日以来、百八十日目だ」と書き付けている。四月六日以来というのは、わざわざ日記で確認して書いたのだろう。路もなかなか執念深い。

十一月六日は、馬琴の命日。この日は馬琴の三回忌法要が菩提寺の深光寺《じんこうじ》で営まれた。家族はそのため終日外出していたが、留守中に林家から「窓の月」(最中)が届いている。これはお供えとしてだろう。ギクシャクとはしながら、ご近所同士として節目の付き合いは普通に行われるようになってはきていた。ところが——。

小太郎と林家内儀

滝沢家では、嘉永二年(一八四九)に跡取り息子の太郎が死去したため、翌年には路の娘のさちが滝沢家存続のために、山本半右衛門の紹介で、阿波徳島藩医師の殿木《とのき》竜谿《りゆうけい》の三男小太郎を婿養子に迎えていた。ところが、この小太郎とさちの夫婦仲は早々に冷え込んでいた。小太郎は義母の路とも不仲になってしまっていたため、年末までに小太郎離縁の方向で各方面との調整が進んでいた。しかし、離縁に難色を示していたのが小太郎を滝沢家に紹介した山本半右衛門であった。

さらにややこしいことに、小太郎が隣の林家に出入りをはじめたのである。滝沢家から追い出されることを快く思わない小太郎は、滝沢家のことをよく思っていない林家の妻と密談をくり返しはじめた。敵の敵は味方、というわけだ。

隣の林氏の妻は小太郎の肩を持ち、路やさちを悪者にして、小太郎が善人だといいふらしはじめた。こちらを母と娘の女二人だと侮《あなど》っているようで、ぬれぎぬを着せられているのは残念でならないと路はいう。路は、娘のさちに事実無根の噂を広める林氏の妻の行動を示して、「今の苦労を忘れることなく、口と行いはとにかく慎むことを第一としなさい」と教え諭している。

年が明けた嘉永四年（一八五一）にも離縁問題は尾を引いていた。そんななかで、林氏の妻は正月六日、路たち母子を目の敵《かたき》にして、小太郎に事実無根のことまで吹き込んで（「なき事もあるが如く」）、すっかり怒った小太郎が罵り狂うありさまを記している。林氏の妻が、火に油を注いでいたのだ。路は「嘆息かぎりなし」とため息をつくばかり。

また滝沢家の窓辺で「今に見てろ。ひどいめにあわせてやるからな」（「今ニ見ろ。ひどいめにあわせ遣《つかわ》し候なり」）と罵詈《ばり》雑言《ぞうごん》の数々をくり返し（正月二十八日）、二十九日には、林氏の妻が滝沢家を訪れて「小太郎」とこそこそとささやいて帰った。気持ち悪かっただろう。この日も窓辺で路たちを罵倒したあと、小太郎を連れて山本半右衛門のところへ行った。

三十日も林氏の妻は午前十時頃に来て、午後二時頃まで、ず～っと「罵り、悪口」。よく疲れないものだ。この日は、たまたま坂本順庵らが滝沢家を訪問していたのだが、とばっちりで順庵たちも罵られた。最終的に小太郎と滝沢家の離縁がまとまったのは、二日後の二月二日である。

そうでなくてもややこしい問題になっていた小太郎の離縁問題に介入され、路の心中はいかばかりだっただろう。

火事見舞いと猜疑心《さいぎしん》

嘉永四年（一八五一）四月三日、四谷菱屋町で大火が発生し、滝沢家も一度は類焼を覚悟して逃げ出した。幸い、滝沢家は焼失を免れ、四日には親類や知人たちの手を借りて後片付けに追われていた。この日は、火事見舞いとして多くの人が滝沢家を訪れていたが、そのなかで中西清次郎という人物がいた。彼に対して、路は「あいつは何の用できたのかわからない」

と記す。そして、「彼は隣の林家のスパイ（「間課児《かんちょう》」）で、こっちの様子を探ろうとしているに違いない。恐ろしい人物だ」と続けている。

本当に、中西清次郎が林家から派遣されて、滝沢家の様子を偵察に来ていたのかどうかはわからない。以前から中西清次郎と滝沢家は付き合いもあったから、火事を心配して様子を見にきていただけかもしれない。それなら、中西清次郎もあらぬ疑いをかけられてかわいそうだ。

とにかく、路が林氏の妻に心を許していないことだけは間違いない。ご近所との関係は、一度こじれると簡単に修復できないのかもしれない。

縫い物

水戸藩女性と縫い物

大正・昭和期の女性解放運動家、思想家として知られている山川菊栄《やまかわきくえ》の著書に『武家の女性』という作品がある。これは山川菊栄が、母である千世の思い出話をもとにして、幕末下級武士の生活を描いたものだ。千世は、水戸藩士で儒学者の青山延寿《あおやまのぶとし》の娘であった。

それによれば、女の子は小さい頃から針仕事をする母親のそばで端布《はぎれ》などをもらって、人形の着物などを縫って裁縫に親しみ、十二、三歳の頃には「裁縫のお師匠さんに弟子入り」するのだという。老藩士の奥方のところに弟子入りし、最初は雑巾《ぞうきん》を縫い、徐々に経験を積んで、着物が仕立てられるようになるまでになる。

恥ずかしながら私は、下級とはいえ、武士の娘が裁縫技術を習得するために、「師匠に弟子入り」までしているとは思ってもいなかったので、ずいぶん驚いたものだ。江戸時代のたいていの女性は、自分で着物を仕立てられるくらいの技術を持っていたということだ。

日記と縫い物

和歌山で質屋を営んでいた沼野家の峯《みね》が記していた『日知録《にちろく》』では、確かにほとんど毎日のように「縫い物いたし候」と出てくる。縫い物、あるいは洗濯物の継ぎ当て、紋付き帷子《かたびら》の仕立てなどなど……。

五月七日の記事には、峯の息子の松之助にとプレゼントされた「八丈島」の「四ツミ」小袖を仕立てている。「四ツミ」とは「四つ身」という子ども用の着物、「八丈島」とは、八丈島で織られた絹織物で、かなりの高級品だから、ハサミを入れるのは相当に勇気がいりそうだ。だが、そんな反物《たんもの》であっても自宅で仕立てているというわけだ。

峯の『日知録』には、ほぼ毎日「縫い物をした」と書かれている。こうした書き方を見ていると、ほかの日記には「縫い物をした」と記されていなくても、あまりにも日常的すぎて、わざわざ日記に書いていないのではないかとも考えてしまう。

滝沢家の縫い物

滝沢家の路《みち》による日記では、『日知録』ほどの頻度で「縫い物をした」と記されることはないが、滝沢家の女性たちが裁縫をしていたことは間違いない。嘉永四年（一八五一）五月十九日、青山久保町（現・東京都新宿区）に店を構える呉服屋の伊勢屋長三郎のところへ買い物に行き、さちの浴衣《ゆかた》用の生地《きじ》を一反、裏衿《うらえり》・袖口縮緬《ちりめん》を買って帰っている。代金は金二分と銭六百六十四文。裏衿は着物の衿の裏に縫い付ける布である。袖口縮緬は、袖口の裏に飾りと補強を兼ねて付ける布だ。歌川国芳《うたがわくによし》の浮世絵を見ると、女性が着る浴衣の衿の裏側や袖口からチラリと赤い布が見えていて、なかなか洒落《しゃれ》ている。

仕立てに出すつもりなら、こういった小物まで買う必要はないだろうから、自宅で仕立てるつもりだったはずだ。翌二十日には絹糸も注文して届けてもらっている。そして、二十一日、さちは「今日は吉日だったので、浴衣生地を裁断し、仕立てた」とある。一日で浴衣を仕上げてしまっている手際のよさには驚かされる。

この二十一日、できあがったさちの浴衣を見てうらやましかったのか、滝沢家をしばしば訪れていた持筒《もちづつ》同心深田長次郎の姉よしが、自分も浴衣生地がほしいといいだした。よしは、「浴衣の生地を買いたかったのだけど、ちょっとお金が足りなかったのよね」という。路がそれなら貸してあげようというと、「じゃあ、今すぐ買いに行きたい！　連れてって！」（「然者《しからば》今より買取度《かいとりたし》、何卒《なにとぞ》御《お》つれ被下候《くだされそうろう》」）という次第。このあたりのやりとりは、仲良しの女の子同士の会話のようでなんだかかわいらしい。

そこで、路はよしと一緒に再び伊勢屋長三郎のところへ行き、浴衣の生地と裏衿を買って帰っている。代金は金一分二朱支払って、おつりは銭で八十文。さちが買った浴衣生地よりは、いくぶんかお手頃だったようだ。

裁断の吉日

路やさちが衣類の仕立てにあたり、裁断は吉日を選んでいたのも興味深い。酉《とり》の日がいいとか、卯《う》の日がいいとか、地域によってさまざまな伝承があるようだが、着物の裁断には吉凶があるという俗信は全国的に見られるらしい。

吉日に裁断するといえば、嘉永四年（一八五一）八月二十一日は吉日だったといって、路は午後から綿入絹三反・結城《ゆうき》木綿を裏表とも二反・さちの太織島《ふとおりじま》一反の計六反もの反物を一日で裁《た》っている。反物の裁断は失敗が許されないので、かなり慎重を要する作業のはずだ。にもかかわらず、たった半日で一気に六反も裁ってしまうというのは、この日のうちにやっておかないとダメだという意識があったからなのだろう。

依頼をうけて

路は、自分たちが着るものだけを縫っていたわけではなく、依頼されて着物を仕立てることもあった。嘉永四年五月二十三日には、隣の伏見氏が布地二反と衿《えり》、袖口、糸を添えて路のところに持参した。路に仕立ててもらえないかと頼みに来たのだ。路は快諾して、反物を預かった。

二反なら、大人ものを二着は作ることができる。路は、翌日には「伏見から頼まれた浴衣、今日一つ仕上げた」と書いている。そして、二十五日には「四つ身・三つ身、今日仕立てが終わった。付け紐《ひも》、肩・腰揚《あ》げもできたので、さちにいって伏見に届けさせた」とあったので、一日で一着以上のペースで仕上げているようだ。

三つ身、四つ身は子ども用の着物。三つ身は、今なら四歳くらいまで、四つ身は四〜十二歳くらいで着る。子どもの着物は、その成長にあわせて長く着られるように作る。肩揚げ・腰揚げとは、肩や腰の余った部分を折り上げて縫い、丈《たけ》や幅などを調整することである。伏見家には、小さな子どもが二人いたようだ。三つ身・四つ身は大人の半分くらいの生地で作れるから、二反で大人一着と子ども二着は仕立てられる。伏見氏は染めてもらった麻《あさ》の生地を使い、親子三人でお揃いの浴衣を作ってもらったのだろう。

これとは別に五月二十七日には、伏見氏が浅黄《あさぎ》の縮緬絞りができたと持参してきた。こちらは、四月二十一日に紫屋（染色屋）に染色を依頼していたもの。染めだけで金二朱と銭七十二文がかかっているが、大人用だろうか。翌日には、単衣《ひとえ》物一つと帷子が二枚完成したので届けている。一日で三着もは仕立てられないだろうから、以前から頼まれていたものもあるのだろうが、この「単衣」は前日に頼まれていた浅黄の縮緬かもしれない。

そのほか、路は九月二十一日には伏見氏から裾直《すそなお》しを頼まれ、十一月三十日には清助の妻から「女半てん」の仕立ても依頼され、引きうけている。路は、小さな直しから、浴衣に半《はん》纏《てん》まで多様な依頼をうけている。路は、足袋《たび》を仕立てる内職もしており、足袋を縫っていたという記事が頻繁に見られる。嘉永五年（一八五二）八月二十三日には、午後二時頃に、大急ぎで頼むと足袋を二十足持ち込まれ、さちと路の二人で夜十二時まで夜なべ仕事をして間に合わせている。当主不在の滝沢家で、路は内職をして家計を助けていたようだ。

絞り染め

私にとって意外に思ったのは、路が引きうけていたのが縫製だけではなかったことだ。よしと青山久保町の呉服屋に行った四月二十一日、路は荒木横町の紺屋に染色を発注している。代金は十匁で来月二日にはできますとのこと。どうやら、これも伏見氏からの依頼によるものだったようだ。

路の日記には、二十七日に「伏見氏から頼まれたさらし木綿の絞りを、今日から絞りはじめた」とあり、二十九日に「今日絞り終わった」とある。路が三日間にわたって行っていた「絞り」とは、絞り染めという、生地を糸で縛って染色するための作業だ。繊維を糸で縛るとその部分に染料が付かず、染色後に糸をとると模様が浮かび上がるものだ。生地の絞りを終えると、それを染色業者に持ち込む。生地の染色だけを専門業者に発注し、絞りの作業も路のような一般家庭の主婦がやっていたこともあったというわけだ。これも内職のひとつだろう。

約束通り、紺屋は五月二日には染色を仕上げてくれたようで、三日に伏見氏が染め上がった生地を路のところに持参している。路は、自分が絞った糸を解《と》いた。絞りの作業によってできあがる模様は決まる。伏見氏はその仕上がりに満足しただろうか。

いずれにしても、既製服を買ってくればいいという現代とは大きく時代が違う。染色から縫製まで、江戸時代の女性の衣服に関する技術は、想像以上に高かったようだ。

その分、注文する側にしてみれば、着る物について色々な過程で自分たちの好みを反映する余地がある。余裕さえあれば、色んなおしゃれを楽しむこともできたことだろう。

第二章

事件と災害

日記には、時に歴史的な事件も書き留められている。本書で取り上げている書き手たちの多くは幕末に生きていたこともあり、大塩平八郎の乱やペリー来航など、教科書にも載っているような事件、そして深刻な被害をもたらした災害の様子などが記されている。間近に見聞きし、また時には遠くで起きた大事件として届いた風聞を日記に記録している。

そこには、必ずしも史実とはいえないような、不正確な情報や真偽不明の噂《うわさ》なども見えているが、それもまた同時代に生きていた人が見聞きしていた「現実」だろう。

時代の変わり目に生きていた女性たちの目には、これらの歴史的な事件はどのようにとらえられていたのだろう。ここでは、女性たちの視点から、これらの事件を見てみることにしよう。

大塩平八郎《おおしおへいはちろう》の乱

大塩平八郎の乱と天保饑饉《ききん》

天保八年（一八三七）、川合小梅は和歌山で新年を迎えていた。

天保四年（一八三三）から続く凶作による饑饉は、もう五年目となっていたが、小梅たちはいつもと変わりない日々を送っていた。正月四日には、息子岩一郎が四度目の誕生日を迎え、赤飯を炊いて知人に配るなど、穏やかな一年がはじまっている。

同じ頃、大坂では大塩平八郎が、大坂市中の惨状に心を痛めていた。大塩は、かつて大坂の司法・警察、行政などをあずかる大坂町奉行所で与力《よりき》として活躍し、今は養子に家督を譲って、私塾の洗心洞《せんしんどう》で陽明学を教えていた。

米価の高騰により続出する死者、幕府からの指示で江戸へ米を廻漕する大坂町奉行、米の買い占めなどのマネーゲームを行い豪奢な生活をする豪商……。大塩は、それまでも奉行に救済策を上申していたが効果はなかった。

大塩は二月に入ると洗心洞の蔵書をすべて売り払い、その金を困窮している人びとに配っていた。そして、大塩は人びとを苦しめる役人と豪商たちに罰を下し、金持ちの蓄えた財産を困窮する人びとに分配し、救済することを訴え、洗心洞の門下生とともに大坂で武装蜂起をするにいたった。

大塩平八郎の決起第一報

大坂で大塩平八郎が決起したのは、天保八年二月十九日のことであった。大塩平八郎は、自邸に火を放ったうえで、「救民」の旗を掲げて決起した。大坂では、大坂夏の陣以来、約二百年ぶりの市街戦となったが、乱は大坂町奉行らの鎮圧軍によって、わずか半日ほどで鎮圧されてしまう。

大塩らが放った火による火災は、風にあおられて広がり、市中の五分の一を焼いたといわれている。火は、翌日まで燃え続け、二十日の深夜になってようやく鎮火した。首謀者の大塩平八郎と養子の格之助《かくのすけ》は逃亡し、奉行所側は逃げた大塩を捕らえるために大規模な捜索を行っている。

和歌山の小梅は、翌二十日には大塩の乱について聞いている。第一報は、金見屋五兵衛なる人物の妻が、小梅のもとを訪れて伝えた、「大坂大火乱ぼう」についての噂《うわさ》だった。この時、三井・鴻池《こうのいけ》などの屋敷が焼失したことを小梅は聞いた。

乱を起こした大塩平八郎たちは、大坂船場《せんば》の豪商たちの家を襲撃し、次々と火を放ち、その火が強風にあおられて広がった結果、多くの家屋が焼失したという。後に「大塩焼け」と呼ばれる火災だが、第一報は大塩の事件よりも、それにともなって大坂で発生した「大火」に比重があったようである。同じ日に別の人からも噂がもたらされ、「大塩平八」という名前を聞いている。

二十一日になると、「大坂騒動」について、さまざまな噂が広まっている。「町与力大塩平八」とかいう人の仕業であるという情報が届き、大坂町奉行所の与力であったという大塩の身元も正しく伝わっている。この時、大塩は逃亡中であった。

大坂ではいまだに火が燃え続けているとのこと。大坂での騒動にともない、場合によると和歌山からも人員を派遣することになるかもしれないので、そのつもりで準備をしておくようにとの知らせが、和歌山藩士であった小梅たちの家にも来ていたようだ。

大塩事件をめぐる噂

大塩の決起から六日後、二月二十五日になると真偽はともかくとして、非常に詳しい情報が届いた。小梅が日記に書き留めた大塩の乱の次第とは、次のようなものであった。

大塩は、決起前日の十八日の朝、同志四人とともに、大坂の豪商三井家と鴻池家を訪れて、「当家の運勢を見ると火難の相があるので、ご用心なさるがよい」と告げ、町にも「火が出るだろうから、早々に用意をしておくように」と触れてまわっていたという。

十九日、鴻池に大砲を撃ち込んだあと、三井家に向かった大塩は、そこの門前でしばらく休み、タバコを一服。車に乗せた大砲が届くと、大塩は大砲を三井家にも打ち込んだ。たちまち火事が発生したが、突然のことで近隣は大混乱となり、足が達者なものは大坂から堺まで、押し合いへし合いをしながら逃げ出したが、多くの死者が出ていたようだ。大塩の蜂起によって発生した火災は、二十一日の朝まで続いたという。

小梅が聞いた蜂起までの大塩の言動は、なかなかに芝居がかっている。しかし、実際はこのようなものではなかった。大塩の仲間のうちから事前に情報が漏れていたため、決起は予定よりも八時間以上も早いものになっていたから、大塩たちに悠然《ゆうぜん》とタバコをふかしているような余裕はなかった。

十九日には大塩の人相書きが出されており、二十五日に小梅はそれを見た人からあらましを聞き、大塩を「鍬形《くわがた》をつけた兜《かぶと》をかぶった四十五、六歳くらいの男、黒糸縅《くろいとおどし》の鎧《よろい》を着け、黒ラシャの陣羽織、その下に何を着ているか不明」だと書き付けている。

ほかに、大塩に荷担していたものについて書かれており、見つけ次第ただちに捕らえ、もし手に余るようなら斬り捨てても構わないとあった。お尋ね者は、まだ見つかっていない。和歌山なら大坂からそれほど遠いというわけでもない。あるいは――という思いを誰もが抱いただろう。

大塩死す

大塩は蜂起が鎮圧されたあとも、姿をくらましており、捕まってはいなかった。大坂町奉行所では、必死になって行方を追っていた。潜伏先が判明したのは三月二十七日のこと。大坂市中の町屋に潜伏していた大塩は、探索方に包囲され、火薬に火を点《つ》けて自決した。

小梅は、この情報も二十九日には入手している。噂は真偽入り乱れていたようで、不正確な情報も混ざっている。

○二十五日に大塩平八が死んだ。何とかという町人だか、道具屋だか、あるいは石切屋だとかが、大塩をかくまっているということなので役人が駆けつけると、火薬に火を点《つ》けて自ら焼死したともいう。あるいは、鉄炮で射殺したとも。色々な噂が流れている。いずれにしても大塩は死んだらしい。かくまっていた町人も一緒に死んだとのことだ。

大塩が潜伏していたのは、手拭《てぬぐ》い仕入れを生業《なりわい》としていた油掛町《あぶらかけちょう》の美吉屋五郎兵衛の家であった。道具屋・石切屋というのは、誤報だ。かくまっていた五郎兵衛は一緒に死んだわけではないので、これも誤りである。大塩が持参した火薬で放火し、自殺したのは事実である。

五郎兵衛の供述調書によれば、五郎兵衛は以前から大塩平八郎とは面識があったらしい。二十四日夜に五郎兵衛が小用に起きた際、戸口を叩く者がいる。取引先の使いだというので戸を開けると、僧の姿をした人物が台所まで上がり込んでいた。よく見ると大塩だった。

僧侶に変装していた大塩は、かくまってくれないなら一家をひとり残らず殺害すると五郎兵衛らを脅迫したので、やむなく離れ座敷にかくまった。五郎兵衛のところに奉公していた者が、実家に帰った時、奉公先で飯と茶碗を出しておくと、翌日には空になっていると語ったのがきっかけで、大塩の潜伏が知られ、役人たちが駆けつけることになる。

犯人秘匿《ひとく》の罪で、五郎兵衛は獄門、妻のつねには遠島《えんとう》の裁きが下されているが、二人とも入牢《じゅろう》し、病死。五郎兵衛の証言通りだったとすれば、脅されてかくまうことになり、大塩には座敷を焼かれ、さらに入牢のうえ牢死とあっては、とんでもない災難というほかない。

四月になって幕府からの御触書《おふれがき》で、大塩平八郎親子をはじめ、大塩に荷担したものの多くは捕らえ、あるいは「自滅」したので、もう捜索はしなくてよい。まだ逃走中の大井正一郎、河合郷左衛門は引き続き捜索せよ、と伝えられた。その後、大井正一郎も召し捕らえたので、あとは河合を探せと通達がある。大坂のみならず西国を震撼《しんかん》させた大塩の乱は、終息に向かっていたのである。

饑饉は終わらない

大塩平八郎が起こした乱が終わったからといって、大塩が憂慮していた饑饉にともなう困窮が終わるわけではない。

小梅は、五月晦日《みそか》に疫病の流行を書き留めている。饑饉による栄養不足は、免疫力の低下を引きおこし、疫病を流行させる。死体が多くて、路上に転がっていても、もう片付けるものさえないありさまだ。米価も高騰し、大塩の乱発生当時、米一石あたり百匁（二月二十五日）だったものが、二百七十匁（五月晦日）、その後は二百六十匁からようやく二百四十八匁（七月朔日《ついたち》）、その後「大分さがって二百四十匁」とある（七月三日）。それでも通常の三倍くらいだ。都市部でも、米を買えずに飢える人びとは多かっただろう。

六月二十五日には、小梅は粥《かゆ》を炊いて乞食に与えている。「乞食共」と複数を示唆する表現なので、小梅は粥の炊き出しをして、数多くの貧窮民に施したのだろう。饑饉、米価高騰のしわ寄せを最初にこうむるのは社会的弱者だ。城下には多くの生活困窮者が流れ込み、物乞いでかろうじて命を繋いでいた者が多かった。

秋の収穫期を過ぎ、十月には米価もようやく落ち着き、百十七匁（十月二日）、暮れには九十匁となっていた。小梅は、この年に書いた日記の最後に「今年は大凶年だった。人が多く死んだ」と書き付けた。

黒船の来航

黒船来航と江戸の町

マシュー・ペリー提督が率いる艦船が、日本に開国を求めるアメリカ合衆国大統領フィルモアの国書を携えて浦賀沖に来航したのは、嘉永六年（一八五三）六月三日のことだ。来航したのは四隻で、旗艦サスケハナ号ともう一隻は、最新鋭の蒸気船であった。

浦賀来航の翌日、ペリーは測量船を浦賀港に入れ、さらに六日に測量船は江戸湾へと侵入。江戸湾には、測量船の侵入を阻止しようとする日本側の番船が対峙したが、アメリカの測量船には、大砲を備えた蒸気船のミシシッピー号が護衛についていた。

完全武装していたミシシッピー号に備え付けられていたペクサン砲十門は、高い殺傷能力がある炸裂弾《さくれつだん》の発射も可能な強力な武器で、江戸湾に入っていた同艦からは江戸城さえも射程距離内にあった。実は、江戸湾への完全武装での艦船乗り入れは、当時の国際法からいっても違法である。この行為は、アメリカからの武力による威圧といってもさしつかえあるまい。ついに、幕閣はアメリカ大統領からの国書を受けとることに決め、六月九日にペリー一行と久里浜（現・神奈川県横須賀市）で対面することになる。

和歌山に届いた異国船情報

紀伊国は最前線となっていた浦賀や江戸湾から遠く離れていたこともあってか、情報が届くのはやや遅かった。和歌山の小梅が噂《うわさ》を耳にするのは六月十五日だ。廻状が届けられ、「ふらんす船」が渡来したので、各自そのように承知しておくようにとあった。内容を確認すると、廻状はただちに次の送付先へ届けられた。紀伊国での第一報では、来航したのがアメリカではなく、フランスになっていること、内容も来航を伝えて注意喚起するにとどまっているから、正確さを欠く断片的な情報が伝えられたにすぎなかったのだろう。

廻状が届いて二日後の十七日には、もう少し詳しい記述がなされている。異国船をめぐる騒動で、防衛のために多数の人が出発して

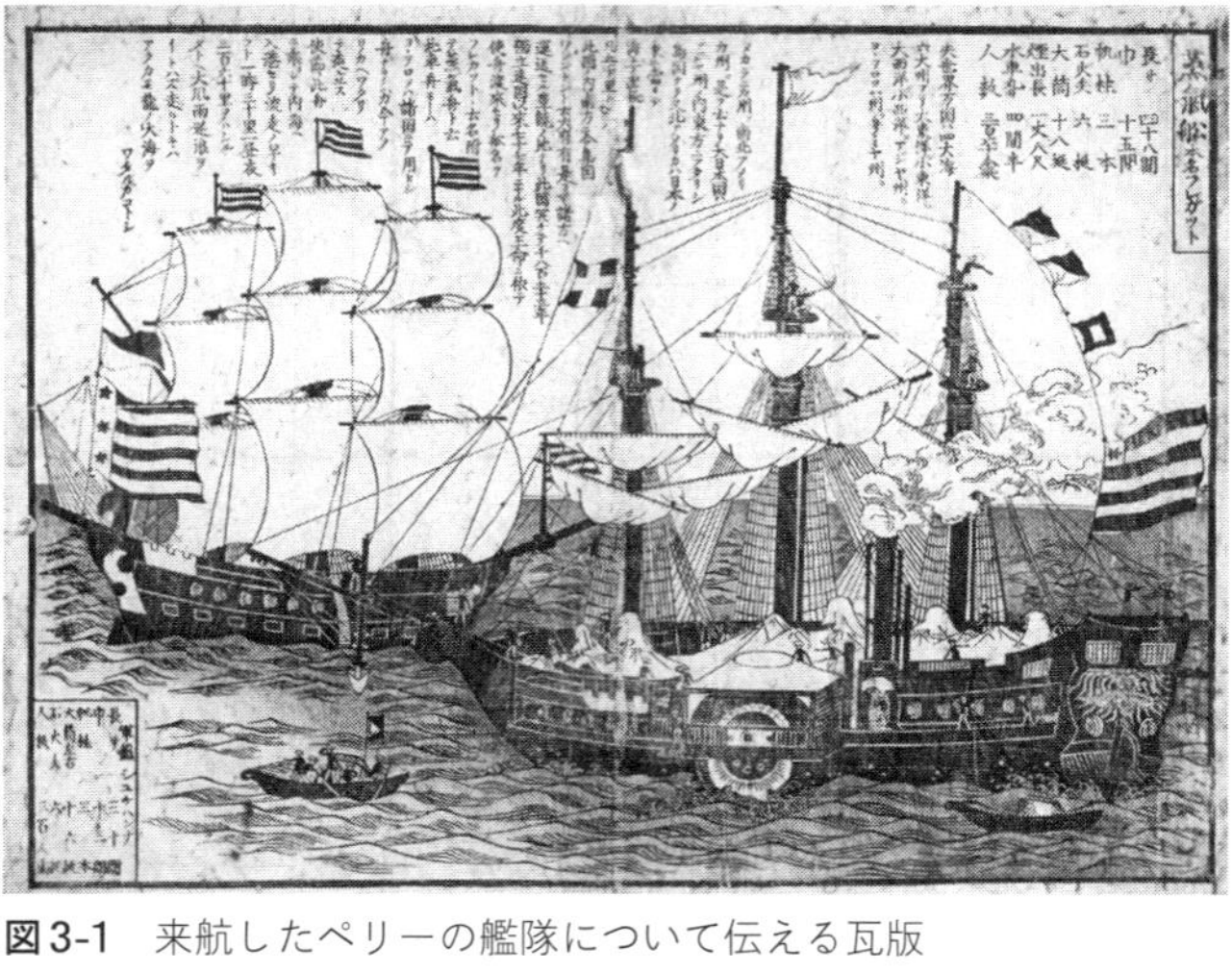

図3-1 来航したペリーの艦隊について伝える瓦版

いること、さらに異国人の要求は伊豆大島の租借で、拒否するようなら武力に訴える用意があるという。

江戸からの書状として、和歌山藩でも一番手・二番手を出しているとのことだ。また異国船のこととは別に、和歌山藩士の渡辺一角らも準備が整い次第、江戸に向かうように命じられたという。紀伊国でも徐々に緊張感が高まっていたことがわかる。

ただ、幕府が十日にペリーが持参した国書を受領したうえで、回答は明年と引き延ばしに成功し、ペリーはいったん琉球へ艦隊を引き上げている。六月二十三日には、防備のため熊野・江戸へ出張していた者も大方が帰ってきたようで、彼らも異国船は見えなくなっているようだと伝えている。和歌山の小梅たちも、最悪の事態は避けられたことを知り、ほっと胸を撫《な》で下ろしたことだろう。

七月一日になっても、これまでの成り行きについて、「いぎりす・ふらんす国」の船が来て、伊豆の島を借り受けたく、拒否する場合は「手向ひ」もしかねないと記しており、小梅の認識は正確なものとはいえない。とはいえ、一触即発の緊張感は伝わっている。

神奈川まで蒸気船が入り込んだとのことだ、もし万一のことが起これば、狼煙《のろし》を上げることになっており、狼煙が上がれば半鐘を合図に、一万石以上の大名が残らず駆け付けることになっているらしい。

と書き留めている。

将軍家慶《いえよし》の死

六月二十二日、対外的な緊張のさなかにあって、時の将軍徳川家慶が死去している。暑気あたりによるものだといわれているが、その死はしばらく公表されなかった。小梅は七月八日になって、次のような噂を聞いている。

公方様《くぼう》（将軍）が六月二十二日に御逝去されたとのことだ。しかしまだ正式な発表はない。イギリス船が四艘渡来した際、公方様はさらにその五十里（約二百キロ）ほど奥に五十艘ほどの艦船が来ているのを高楼から遠眼鏡《とおめがね》で見ようとして落下したそうだ。真偽の程は定かではない。いずれ「世も末になるだろう」という噂がある。イギリス船の要求は、米五万石を毎年申し受けたいとのことだ。幕府はまだ返事していない。時々、あちこちに船が見えているらしい。

具体的には記されていないが、噂を耳にした人は、異国の大艦隊を目にした家慶が肝《きも》を潰《つぶ》し、そのまま高所から転落したと解釈したことだろう。異国船は、毎年五万石を要求しているとも伝えられているが、一万石以上の知行を持つものが大名だから、この要求が本当なら法外なものには違いない。不安が広まり、遠からず終末がおとずれるのではないか（「いづれ世は末に成《なり》けるよし」）との噂が流布《るふ》していたのも当然のことだろう。

家慶の死についての噂を書き留めた翌日の七月九日、小梅の日記には、和歌山城の門前には、長持を運ぶ棒だけが置いてあったと記している。しばらくして、「その心」を読み解いた者がいた。長持がなく棒だけなので、「くぼう長持ちなし」――将軍家はもう長くはもたないだろうという判じ物だったのだ。

さらに、八月二日には、アメリカのみならず「おろしゃ舟」（ロシア船）まで見えはじめたと伝える。これはプチャーチンのことだろう。対日関係樹立を模索していたロシアだったが、六月にアメリカに先を越されたかたちになってしまったため、七月に長崎に来航し、ロシア宰相のネッセルローデの書簡を提出した。幕府は、既にアメリカからの書簡を受領していたこともあり、ロシアからの書簡も受け取ることになった。

人びとの不安をあおるかのように、盆を過ぎたあたりから、夕暮れ時の空には不吉な彗星（クリンケルフューズ彗星）まで見えるようになっていた（七月二十二日）。

和歌山藩の対応

七月十九日に、川合梅所《ばいしょ》は「異国舟」渡来の件について相談したいことがあるといわれ、学校に出向いている。今回の「アミリカ舟」（ママ）が渡来し持参した書簡の返事について、来年の三月に聞きに来ることになっており、公儀からはこの件について、儒者も意見があれば遠慮なく申し出るようにといわれている。そのため、二十七日までに意見を申し出よと藩から命じられた。

幕府は、アメリカ大統領の書簡を朝廷へ報告するとともに、七月には全大名と幕臣に書簡を公表したうえで、広く意見を集めることにしていた。和歌山藩でも、来年の「三月」にアメリカへ回答するにあたっての対応策について、学校へ検討のうえで意見具申をするよう命じたようだ。

これをうけて、梅所ら学校の面々は集まって協議をしている。幕府から公開されたと思われるアメリカからの書簡を書き写しているから、ようやく不正確な噂ではなく、確かな情報が届きはじめていたことがわかる。

その後、梅所らは学校で見解を書面にまとめて提出し、八月二十二日には今回の異国船渡来にあたり、学校は特に尽力したので、褒美として金百両が下賜《かし》されることになった。ただ、この文章は「しかし」と続く。「しかし、この百両は勘定所へ預け、その利息で毎年武器を調達するように。なお学問はこれまで通りしっかりやること」とのことだ。

つまり、この百両は、実際には学校のものにはならず、和歌山藩勘定所で基金として預かり、運用のうえで利益が出たら、それを使って少しずつ武器を買い揃えなさい――ということなのだ。意見書の作成に尽力していた川合梅所たちは、臨時ボーナスをもらいそこねてがっかりしたことだろう。ただ、学校の儒学者たちにさえ、合戦に備えて武器の準備を命じているわけだから、事態はそれほど緊迫していたのであろう。

この時には、学校だけでなく、鉄炮術の七軒に七百両、水練家に二十五両、弓術家に五十両、剣術家にも五十両が下されていた。非常時を見据えた武道の奨励である。

武具の用意

『武江年表《ぶこうねんぴょう》』には、ペリー来航があった嘉永六年（一八五三）の江戸では、革の甲冑《かっちゅう》を売りあるく者が多いと記されている。甲冑の移動販売が行われるようになっていたわけだ。念のために記せば、甲冑は単価も高く、通常は具足屋《ぐそく》という専門店で買うものだ。簡易な量産品の甲冑を製造し、移動販売をするようになっているということは、対外的な緊張感から戦乱が近いと予測する人が増えており、急激に需要が高まっていたことをうかがわせよう。

和歌山にいた小梅の夫、梅所も十月十九日に具足の手配をしている。さすがに梅所は移動販売などではなく、ちゃんとしたところから購入している。具足代は七両二歩（一歩は小判一枚＝一両の四分の一にあたる）だが、さしあたって前金を渡し、あとはしばらく待ってもらう約束とし、後日四両の支払いをしている。十二月十五日には具足を塗師《ぬし》屋に持参し、二十日には塗装を終え、翌二十二日には具足の札《さね》を糸で綴る縅《おどし》の作業を依頼している。恐らくは修理を要する中古品だったのだろう。

甲冑を手配した二日後、十月二十一日には、「刀や」へも行っている。価格は銀七十匁六分のところ六十六匁にまけてもらい、今日はまず五十匁だけ支払うとあるから、刀は値切って買っている。

十一月二十三日には兜《かぶと》を届けさせている。熊野の修験者《しゅげんじゃ》で鍛冶屋でもあった天狗鍛冶のものらしいが、これも中古だったのだろうか「しころとまびさし」の打ち賃が一両必要だという。錣《しころ》とは、兜に附属する後頭部を守るためのもので、眉庇《まびさし》とは額部分のツバにあたるところ。二十九日に錣を鍛冶屋が持参したが、ダメ出しをしてやり直しを命じている。十二月一日に天狗鍛冶が錣を再び持参しているが、これには満足したようで、鍛冶屋に一盃出している。いずれやってくるかもしれない実戦を意識して、慎重に甲冑の準備を進めていることがうかがえよう。具足、兜、刀の購入費用は、臨時の手当を除き、一年間の収入がわずか二十石にすぎない小身《しょうしん》の川合家にとっては、重い負担だったことだろう。

和歌山藩の藩校に勤める儒学者の川合梅所が、せっせと武具を買い揃えている様子を妻の小梅がどのような思いで見つめていたのか。それについて、小梅の日記には何も語られていない。

そんななか、十二月一日には江戸からの噂が小梅のもとに届く。江戸では、「具足御ためし」が行われたという。これは、十人の「刑人」に具足を着用させたうえで攻撃を加えてみて、具足の防御能力を確認したものらしい。七人は、具足を貫通することはなかったが死亡、死ななかったのは三人だったとのことだ。まだ真偽のほどはさだかではない（「未実非をしらず」）と書き記しているが、生存率がわずかに三割という情報は、小梅たちをいっそう不安にさせたことだろう。

幕府との交渉を求め、軍艦七隻を率いたペリーが再び神奈川沖に姿を見せたのは、年が明けた嘉永七年（一八五四）正月十六日のこと。そして、三月三日には下田と箱根の開港などを定めた日米和親条約が締結されることになる。

火事は怖い

火災発生

嘉永四年（一八五一）四月三日は晴天に恵まれていたが、北西からの風が強い日だった。

この日は、滝沢家を清助の妻と娘のきつが訪れていた。お昼時で、ちょうど茶で米を炊く茶飯《ちゃめし》ができたところだった。路《みち》は二人に炊き上がった茶飯を振る舞い、きつが茶飯を食べ終わった時、「菱屋横町から火が出た」との知らせがあった。火元が自宅に近かったので、慌てて清助の妻は帰っていった。娘のきつは、滝沢家でしばらく預かることにした。

火事は正午頃に発生。火元は四ツ谷菱屋横町である。強い北西の風にあおられて、南の南寺町に火が移り、そこからさらに東西に燃え広がったという。

『嘉永雑記《かえいざつき》』という記録によれば、あたり一面を火の海にし、火が四ツ谷の大通りまで来たところで、西風が強くなり江戸城の四ツ谷門の方にも火が広がっていったらしい。約十五丁（約一・六二キロ）四方とかなりの範囲に被害が及んでいたという。火の勢いはおとろえる様子もない。

もはや、四ツ谷信濃仲殿町にあった滝沢家にも危険がせまっており、避難をしなければならなくなった。

滝沢家の避難

家財道具を運び出し、馬琴が残した書物や仏具などを葛籠《つづら》二つにまとめ、馬琴の肖像とともに、懇意にしている和歌山藩久野家家臣の加藤新五右衛門に預かってもらうことにした。加藤は、その年の正月に泥酔した状態で滝沢家を訪れて路を困らせていたが、この時はとても頼りになった。

まもなく、滝沢家を心配した加藤新五右衛門が、下男の広蔵と音吉を派遣してきた。一刻を争う事態なので、人手が増えたことはありがたい。路の義兄（実姉の夫）にあたる山田宗之介も使用人二人を連れて荷物の搬出を手伝いに来てくれた。

馬琴の長女が嫁いでいた飯田町からも、馬琴三女くわの子である渥美祖太郎らとともに駆け付けて荷物の運び出しを手伝った。荷物は藪《やぶ》へ運び出す。重要なものは加藤新五右衛門に預けているが、ほかの荷物は火事の騒ぎのなかで遠くに運び出すというわけにもいかない。屋内にあると建物と一緒に燃えてしまう危険があるので、建物から離れた藪のなかに置いておく方が安全だったのだろう。

迫る炎

火は大和新庄藩永井信濃守直養《なおのぶ》の屋敷に燃え移った。もう滝沢家からは目と鼻の先だ。自宅にいては危険だと感じた路は、娘のさちとともに、馬琴の姪である生原磯《いくはらいそ》の家に避難することにした。

しばらくして、路たちは生原家から自宅の様子を見に帰ってきたが、自宅を出た時の様子から、路たちは「もうすっかり焼失しているだろう」と覚悟していた（「最早焼け落ち候心得ニて帰宅」）。しかし滝沢家は、かろうじて焼失を免れていたのである。近隣の太田家よりも南側まで焼失しているから、滝沢家も類焼していてもおかしくはない状態だった。『嘉永雑記』には、滝沢家のある仲殿町について、「仲殿町（中略）一面ニ焼けるなり」と記しているから、周辺にはかなりの被害が出ていたようだ。滝沢家が難を逃れたのは、本当に幸運だったというべきだろう。

火事のあとで

自宅が火災を免れたことにほっとしたのもつかの間、路は後片付けに追われることになる。藪に運び出していた大量の荷物を家に戻さなければならない。火事場泥棒も心配なので、清助のところから来てくれた老人を荷物番とした。実は、清助の家はこの火災で類焼しており、しばらくのあいだ清助たちの箪笥《たんす》などを預かることになっていた。そのために来ていた老人を、滝沢家でもちゃっかり使ったというわけだ。

火事の報を聞き、慌てて清助の妻が自宅に戻った際に滝沢家に残っていた娘は、当分の間は滝沢家で預かることになった。滝沢家の片付けにあたっていたのは、九人にも及んだ。日暮れ前には、飯田町の豊蔵が、義姉たちからの見舞いとして煮染《にし》めを届けてきた。山田宗之介からも弁当が届けられた。食事の用意どころではなかった路たちにとっては、ありがたかったはずだ。片付けの手伝いをしてくれた人びとへは酒を振る舞い、午後十時になって全員が引き上げた。

火事のあとで物騒な折、女性ばかりの滝沢家では不安も多い。そこで、加藤新五右衛門のところから来てくれていた広蔵が、その夜は滝沢家に残ってくれることになった。滝沢家南隣の伏見氏は、夜も寝ないで周囲に気を配って見張りをしていた。

鎮火したのは、ようやく子《ね》の刻（深夜十二時）のこと。出火が正午頃だったので、十二時間にわたって燃え続けていたことになる。路は、「安堵ス」と日記に書き付けている。

片付けと火事見舞い

火事の翌日も、藪に持ち出していた荷物の片付けに追われていた。滝沢家に残っていた加藤家の広蔵のほか、滝沢家と同じ持筒同心《もちづつ》をつとめる松村儀助、さらに磯女、さちら五人が手伝った。広蔵は、昼過ぎに帰ったが、代わりに加藤家から音吉がやってきて、手伝いをしてくれた。おかげで、なんとか夕暮れまでには片付けも終わった。この日は曇天で、午後四時頃には雨が降りはじめていたので、もう少し片付けに手間取っていたら、荷物が雨に濡れて大変なことになっていただろう。

路は、片付けを手伝ってくれた豊蔵・音吉、松村氏に酒と食事を出してねぎらった。午後四時、雨のなかを飯田町へ豊蔵は帰った。路は、濡れないように豊蔵に雨傘を貸した。

夕方、加藤新五右衛門が仕えている久野家の屋敷へ、松村儀助や磯が向かう。屋敷の風呂に入れてもらうことができた。加藤新五右衛門のはからいだろう。終日の片付けで埃《ほこり》だらけになり、疲れきっていたであろう彼らにとって、風呂に入れたことは何よりありがたかったに違いない。

ところが、路はこの日に体調を崩してしまっている。火事の前日、二日頃から風邪気味だったのだが、三日の火事で奔走した結果、無理がたたったようで四日の昼頃から甚《はなは》だしい悪寒がしはじめた。風邪に効くという漢方薬の桂枝湯《けいしとう》を調合して服用し、夜には鳥雑炊《ぞうすい》を食べたが、まもなく発熱している。

続く後片付け

五日以降も火事の噂《うわさ》を聞いて、見舞いに滝沢家を訪れる人が絶えなかった。もちろん滝沢家からも、類焼した知人たちに火事見舞いを届けることも忘れていない。

今回の火事では、何かと世話になった加藤新五右衛門のところの広蔵へは、謝礼として紺足袋《たび》を届け、音吉には天保銭三枚を届けている。

六日には、屋根屋の亥三郎もやってきて、滝沢家の屋根を修繕するといってきた。三日の火事の際に「家《(屋)》根むしり」、雨漏りがして大変だったという。恐らく、消火活動のためか、あるいは類焼の予防のために滝沢家の屋根板を剥がしていたのだろう。屋根屋の修繕があるまで、当面の応急処置を大内氏がしてくれた。翌日、屋根の修繕に職人が来ていたが、午後から雨が降って仕事にならないといって帰っている。六日に応急処置ができていたのは幸いだった。無事に屋根の修理が終わったのは八日の昼頃のことだ。

六日には、屋根の応急処置をした大内氏が、屋根の「土蔵目ぬり土」もすべて下ろした。土蔵の目塗り土というのは、火事の際に財産を入れた土蔵に火が入らないように、隙間を塗り固めるための粘土のこと。屋根に火が入らないように、屋根瓦の間を土で埋めていたのだろう。この時に来ていた大内氏は、下ろした目塗り土を「用心土入瓶」に入れ、水を入れてこねておいた。目塗り土が乾燥して固まっていたら、いざという時に役に立たないので、水を入れて柔らかい状態にしておくためだ。路は、その手際に感心し、本当にしっかりした若者だ（「寔《まこと》に老実の若者なり」）と感心している。

火事の原因

かなりの範囲に被害が及んでいた四月三日の火事、その原因は何だったのか。

路も聞いていたように、出火したのは滝沢家の北西にある菱屋町である。『嘉永雑記』によれば、四谷菱屋町にある小普請与力《こぶしんよりき》の服部家が火元である。小普請というのは、幕府の旗本・御家人《ごけにん》で家禄三千石以下の無役のもの。裕福だったわけではないが、れっきとした幕臣である。

『嘉永雑記』が伝える火事の原因とは、なんと夫婦喧嘩だった。そもそもの喧嘩の理由は記録に記されていないが、服部は妻に「火鉢を投げ付け」たのだという。ところが、妻の方も負けてはいなかった。暴力をふるう夫に対して果敢《かかん》に抵抗したので、ついに服部は、逃げた妻を追いかけて外へ飛び出した。運悪く、その日の強い北西からの風で、放り投げた火鉢から出た火があおられ、見る見るうちに広がっていき、正午頃には火事になったのだという。

火事と喧嘩は江戸の華なんていうけれど、多くの被害を出した火事の原因が夫婦喧嘩だったとは――。

安政大地震

安政東海地震

嘉永七年（一八五四）十一月三日は冬至であった。この日、滝沢家は来客が多く、その対応に追われた。しかし、昼にはいつものように神棚にお供えをし、夜には家族で雑煮《ぞうに》と餅《もち》を食べ、一年の節目を無事に迎えられたことを祝った。これから、徐々に日も長くなっていく。一年でもっとも長い夜を経て、翌四日の午前六時頃、隣人で持筒《もちづつ》同心同僚の林猪之助が滝沢家婿養子の吉之助を呼びに来た。この日は当番にあたっていたので、誘いに来たようだ。路《みち》は吉之助を急いで起こし、仕度をさせて無事に送り出した。

翌日は路の義父にあたる曲亭馬琴の逮夜《たいや》——忌日の前夜に行われる法要——である。馬琴の七回忌だ。今日は、お供えの準備もしなければならない。

そんななか、四ツ時前というから午前十時前頃、江戸四ツ谷の自宅にいた路は、強い揺れを感じた。庭にあった石灯籠《いしどうろう》の上部が落下し、屋敷の戸や障子が次々とはずれて落ちた。路と娘のさちはびっくりして駆け出し、庭に植えてあった巴旦杏《はたんきょう》（スモモの一種）にしがみ付いていた。「暫くの間しツまらず《（鎮まらず）》」というから、揺れている時間は、かなり長く感じられた。

その後も余震が続いていたようで、十一、二回はあったという。夜になっても地震がくり返されるので、とても眠れない。夜中に揺れで目を覚ましたというところもあったらしい。十一月六日、馬琴の七回忌法要のため、路は家族と菩提寺の深光寺《じんこうじ》へ参詣《さんけい》するが、この日も四、五回の地震があった。

南海トラフを震源とする地震

この十一月四日の地震は、後に安政東海地震と名付けられることになる大きな被害を出した地震である。南海トラフ東側を震源とするもので、駿河湾から熊野灘までの海底を震源とする。その三十二時間後の十一月五日には、紀伊水道から四国沖を震源とする南海地震も発生している。連動する二つの地震により、広範囲で津波が発生していた。江戸の町名主で考証家でもあった齋藤月岑《げつしん》は日記に「上方、東海道筋大地しん、大津浪」と記している。

嘉永七年（一八五四）といえば、日米和親条約が締結された年であるが、同じ年にロシアのプチャーチンもディアナ号で来航し、幕府との交渉のため下田に回航していた。そこへ東海地震が襲った。この時にはディアナ号が甚大な被害をうけたことは知られているが、路は下田・三島あたりの大地震で、江戸から当番で警備にあたっていた人が数多く死んだらしい、「恐るべき事なり」と幕府側の被害を伝えている。

しかし、災害はこれだけで終わらなかった。安政東海地震の翌年、今度は江戸の町を都市直下型地震が襲うことになる。

都市直下型地震

安政二年（一八五五）十月二日夜、路は午後八時前に床《とこ》につこうとしていた。孫の倉太郎（満二歳）の体調がすぐれず、母親さちや祖母路の手をはなそうとしない。日中には寝ていたが、夜になってむずがるようになったのか、これでは「やかましく」て側では眠れないなと思っていた。娘のさちも体調をくずし、胸の痛みと悪寒に悩まされていた。路は、二人の病状を気にかけながら、一日を過ごしたのである。

夜になって滝沢家に遊びに来ていたよし

図3-2　安政2年の大地震を伝える図。建物の倒壊に加えて火災の被害も大きかった。

も午後十時頃には帰り、娘婿の吉之助は夜間、ひとりで内職をしていた。その時――。

午後十一時頃に大地震が発生した。震源は東京湾北部で、M七・〇〜七・二と推定されている。

滝沢家の戸や障子は揺れではずれ、路は倉太郎を抱いて外へ出ようとする。娘のさちと娘婿吉之助の母も家の外に出ようとするが、みんな腰が抜けてしまって立つことができない。路たちは死を覚悟して、もはや金比羅様《こんぴらさま》にひたすら祈るほかなかった。

少し地震の揺れも鎮まってきたので、様子を見ると床《とこ》の間の壁は落下、土蔵の被害も大きい。庭の石灯籠は倒れ、手水鉢《ちょうずばち》も落下していた。さちと倉太郎らは家の裏から外に出た。吉之助は火事を警戒して火の始末を終える。家族は屋外の物置に避難していた。

地震発生は夜だったが、明け方まで十五回ほど（『齋藤月岑日記』では三十回以上）の余震があり、そのうちの四度はかなりの揺れだ。路たちは、朝の四時まで、いつでも逃げ出せるように玄関で夜を明かしていた。路は「恐るべし、かなしむべし」と書いている。

地震にともなう火災も複数箇所で発生し、炎の赤い光で夜間にもかかわらず白昼のように明るくなり、その恐ろしさはことばにできないほどだった。

一夜明けて

三日の朝、路の娘婿である吉之助は、実家の榎本家などの見舞いに出かけた。幸いにして、榎本家では井戸が損傷した程度で大きな被害は出なかったという。路の義姉、さきが住む飯田町は半壊であった。

吉之助の義兄（姉の夫）の村田万平が住む長屋は倒壊。親子三人は逃げ遅れ、落ちてきた屋根に押しつぶされそうになったが、運良く簞笥《たんす》などで空間ができ、圧死を免れた。

ここ数日、娘のさちと孫の倉太郎が体調をくずしていたが、昨夜の地震ですっかり身体が冷えてしまったようで、二人とも病状は悪化している。路は、孫の面倒を見ながら、さちの看病をすることになる。さちは寒気に悩まされ続けているが、何度も余震があるので、たびたび起き出して逃げ出そうとする。これでは、ゆっくりと寝てもいられない。

昨夜に続いて三日の夜も寝ずに夜を明かした。というのは、今夜も午後十時頃、あるいは深夜十二時頃に、また大きな地震があるだろうという噂《うわさ》が流れていたからである。そのため、誰も自宅にいるものはなく、「世間一同野宿」という状態だ。誰もが、自宅の庭や竹林、菜園など屋外に戸板を敷き、そこで夜を明かしていたのである。

路の日記には、三日は「寒風」、四日は「寒冷、霜多く降る」、五日「寒し」、六日「寒し」と続く。地震が発生した安政二年（一八五五）十月二日は、新暦なら十一月十一日にあたる。

冷気も加わってくる頃だ。屋外での生活は、寒さが骨身にしみたことだろう。

五日は、いざとなったらいつでも逃げ出すことができるように準備をして、家族一同が玄関近くに寝ていた。余震は昼夜に六回、とても熟睡することはできなかっただろうから、徐々に心身の疲れも溜まりはじめていたに違いない。

六日、吉之助に八日に出勤するようにと知らせが来る。八日は当番ではなかったはずだが、同僚森野市十郎の兄が地震による家屋倒壊で死亡し、森野が忌引《きび》きとなったためだという。路や吉之助が無事だったのは、幸運だったのだ。

滝沢家では、地震のあとから親族の見舞いに行き、被害状況の確認をしたうえで、必要に応じて食料を届けるなどの支援をしている。地震発生後、江戸の町役人が寄合《よりあい》などを行う集会所である「町会所」では、にぎり飯が配られている。その後、被災者の救済にあたる「お救い小屋」も相次いで建てられ、江戸の富裕層の拠出による被災者支援もはじまった。

一方で、治安の悪化も問題であった。『齋藤月岑日記』によれば、自宅にある土蔵の壁が完全に崩落していたが、五日に、盗賊が倒壊した土蔵の折れ釘を奪って持ち去っている。災害復興で鉄などの資材価格が高騰することを見込んで、被災した家屋や土蔵などの古釘を盗んでいるのだろう。

地震後の日常

地震前から体調をくずしていた倉太郎は、五日、六日と「順快」。ようやく回復の兆しを見せていた。路は、ほっと胸を撫《な》で下ろしたことに違いない。

多くの死傷者を出した大地震である。家屋が倒壊して住むところを失った人、火災で財産を失った人も多い。そんななか、家屋にも大きな被害を出すことなく、それまでと大差のない生活ができた滝沢家は、比較的恵まれていた方には違いない。時折やってくる余震におびえながらも、その後は徐々に日常を取り戻しはじめることができた。

十一日には、寝込んでいたさちも次第に回復に向かい、少しは起きられるようになってきた。ところが、今度は孫の倉太郎が風邪をひいてしまったのだ。

十月二十三日、路は「今日、地震致《いた》さず」と書き付けているから、この日は地震を体感することなく、過ごすことができていたのだろう。前日も発熱していた倉太郎は、この日も変わりなく、手がかかってしかたがなかった。倉太郎は、朝に粥《かゆ》を食べ、昼は少し食事を口にしたが、食欲を失っているのか夕飯は何も食べない。

大地震からまだ二十一日しか経過していない。ようやくさちの病気が回復しはじめたというのに、今度は倉太郎の風邪。手を替え品を替え、心が安まることがないのは、いったいどういう神様のたたりなのだろう（「手を替品をかへ、心易き事なきはいかなる神の祟やらん」）。さらに、次第に冬に向かう時期でもあり、日は短く、しかも寒い。満足に休むこともできないのは、天命なのだろうか、と路はため息をつくほかなかった。

十月二日の大地震発生から月末までの一ヶ月で余震は八十回にも及ぶ。一度も体感地震がなかったのは二十三日だけだった（『藤岡屋日記』）。昼は二十八回、夜が五十二回で、恐らくほとんど眠れないままで、一ヶ月を過ごしたことだろう。

路にとってみれば、家族の病気、地震と立て続けに襲ってくる困難を「神の祟」と表現するしかなかったのである。

ええじゃないか

和歌山城下の政情不安

慶応三年（一八六七）十月十四日、徳川慶喜《よしのぶ》は、政権を明治天皇に返上することを願い、翌日には明治天皇がそれを認めて、大政奉還が行われる。同じ頃には、岩倉具視《いわくらともみ》から薩摩藩と長州藩に、討幕の密勅《みっちょく》と呼ばれる徳川慶喜討伐を命じる詔書が下される。まさに、時代が大きく転換しようとしている時期である。

幕末の不安定な政情のなかにあって、和歌山でも不穏な事件が相次いでいた。十一月十二日、川合梅所《ばいしょ》が仕事に出かけたところ、和歌山城の南西角にある空き地、扇の芝にある門の前で人が斬られて死んでいた。死体には首がなく、四人がかりで襲撃し、切断した首を風呂敷に入れて持ち去った様子を見ていた人もいるらしい。

被害者は和歌山藩士の田中善蔵《たなかぜんぞう》。当時の和歌山藩は徳川幕府に従い、京都で禁門《きんもん》の変《へん》を起こした長州藩に、処分を下すための第二次征長戦争に従事したことで、財政が悪化していた。和歌山藩財政の立て直しに尽力していたのが、田中善蔵である。田中による俸禄削減案に反対する者が、彼の登城時を狙って襲撃したらしい。

田中善蔵は、藩校学習館の「授読」を経て奥右筆《おくゆうひつ》になっているので、儒学者として同じ学習館にいた川合梅所とも面識があった。十三日、夕方になって田中善蔵の子、直吉から手紙が川合家に届き、善蔵の「不慮の死」と葬儀の予定が伝えられた。小梅たちは、旧知の田中善蔵の死に動揺したことだろう。

京都の噂

田中善蔵の葬儀に関する手紙が川合家に届けられた十一月十三日、小梅は来客から不思議な話を聞かされた。

京都から届いた手紙によれば、奇妙なできごとが起こっているらしい。小梅は、その時に来客から見せられた手紙の中身を自身の日記に書き留めた。手紙には「あまりに不思議なことなので、概要をお知らせします」と書き起こされていた。手紙が伝えるところは、次のようなものであった。

尾張名古屋に江戸の女が裸で降《ふ》ってきた。それからしばらくすると、美濃国(現・岐阜県)、甲斐(現・山梨県)、大和・奈良のあちこちに神様が降りてきたらしい。それで踊っている人もいるようだと聞いていたが、このたび京都でも南の方から同様のことが起こりはじめ、神々が次々と降ってきて大賑《おおにぎ》わいになっている。晴天でも、はっきりと降ってくるのがわかる。

江戸の女性が全裸で、遠く離れた名古屋に降ってくるという奇妙な事件を手はじめに、次々と神様が降ってきて、人びとは踊りはじめていたようだが、ついにその波が京都にまで押し寄せたことを伝えている。

西垣晴次『ええじゃないか』によれば、八月には京都の町でお札《ふだ》が降ってきていることが確認できるようだが、十月末にはじまったという史料もあり、情報は錯綜していた。

小梅の見た手紙には、奈良が先で京都の南から……とあるから、八月に散発的なお札降りが京都であったとしても、奈良から北上してきた流行の波が再び京都に到達したことで熱狂的な騒動につながったということだろうか。

降ってくる神々、広がる噂

京都と奈良のほぼ中間地点にあたる山城国平川村（現・城陽市）では、十月十二日の朝に平兵衛宅に植えてある柳の枝に伊勢神宮のお札が降り、踊りがはじまっている。実際には、お札が空から降ってきたところを誰かが目撃していたわけではなく、柳の枝にお札が引っかかっているのを見つけて、「降ってきた」と考えたようだ。

そして、現在の京都駅東隣にあたる東塩小路村《ひがししおこうじ》では、十月二十八日に村役人若山庄蔵宅の表にある杉垣に、伊勢神宮のお札が降ったという（『若山要助日記』）。京都東塩小路村の若山要助は、伊勢神宮のほか、大黒天、天満宮、住吉、稲荷、地蔵、弘法、毘沙門天《びしゃもんてん》と神・仏を問わず、空から降ってくると書いている。

小梅が見た手紙には、もっと多様な神仏の名前が書かれている。京都で降ってきたのは、新旧の伊勢神宮のお札、なかには小判が入っている物もあったとか。さらに不動・秋葉・白《しら》鬚《ひげ》などのお札に加え、布袋《ほてい》様の土人形や石地蔵が降ることもあり、さらに驚くのは「江戸の男」が祇園社境内に降ってきたのだという。

こうした神仏のお札などが降ってきたところでは、注連縄《しめなわ》を張り、鏡餅《かがみもち》や御神酒《おみき》を用意しお供えをしたうえで、隣近所や親族が集まり、揃いの衣装で「ヨイジャナイカ、ヨイジャナイカ」と囃《はや》し立てて踊るのだという。知らない人だろうが、侍だろうが、そこに出くわした者は、一緒に踊ろうと呼び込んで、踊り歩いているらしい。京都からの手紙は、その賑わいに「戦争がいまにもありそうなご時世には、とても思えない」と伝えている。

江戸の情報屋といわれた藤岡屋由蔵《ふじおかやよしぞう》の日記にも、お札などが降ってきたことを伝える京都からの手紙が書き留められている。手紙によれば、十月二十八日朝から、洛中《らくちゆう》はもとより御所《ごしよ》内にまで伊勢のお札が降り、ある町には十三、四歳の「美童女」が降ってきたのだという。また、エビス・大黒様に、八尺（約二・四メートル）の仁王も降っているとのこと。藤岡屋由蔵はこの記事に、こんな狂歌を添えている。

色気ある娘の降るはよけれども仁王に降られ持てあましけり

和歌山、初のお札降り

京都の町でお札が降りはじめたのが十月末のことだった。小梅は、京都の騒ぎを知人に届いた手紙で知ったのだが、ついに十一月二十日に和歌山でもお札が降ってきている。「今日、当地でも（お札が）降り、畳屋町の者が拾ってきたそうだ」と書き留めている。

お札が降ったことで、「めでたい」といって大騒ぎする人も多かったようだが、小梅は浮かれてはいない。「世の末、乱世になるときには、色々とあやしいことが起こるものだ。何ごとも慎重にするよりほかはない」と冷静である。

小梅は、三日前の十七日に田中善蔵の初七日法要に行っている。とても、お札が降ったからといって浮かれていられるような心境ではなかったのだろう。二十四日には、田中善蔵を殺害した犯人が書いたものと思われる「お国のために奸士《かんし》の田中善蔵を討ちとった。ほかに遺恨は全くない」、犯人は「丁重な扱いをうけ、家老などのあいさつもうけている」という書面を書き写している。

この記事に続けて、小梅は「新聞」によると、として京都で十一月八日に流行していた踊り装束を身につけて変装していた者が、与力を殺害して首を切り、笹に結び付けて街道に捨てていたという情報を書き付けている。小梅が見た「新聞」とは、瓦版のようなものだろうか。小梅が、田中善蔵殺害の犯人についての記事と、京都での与力殺害を続けて書き留めたのは、彼女から見たらどちらも同じテロにしか見えなかったからなのではないだろうか。

こうした事件が相次ぐ現実を前にして、小梅はお札降りも冷静に見つめていたようだ。

和歌山のお札降りと噂

その後は、和歌山でもあちらこちらでお札が降ったらしい。十二月七日の日記には、お札が降ったという町の名がいくつか書き付けられている。

お札が落ちる時には、音がして光るとのこと。その瞬間を確かに見たという人がいるらしいのだが、見たのは大福屋、あるいは大黒屋の下女だとか。固有名詞に揺れがあるのは、伝言ゲームのように伝わっているうちに、情報があいまいになっていったのだろう。

「みなと」あたりに住むある女性の家では、鉢植えの上にお札が落ちていた。ありがたいことだけれども、御神酒をあげようにもお金がない。そこで、着物を質屋に持参し、お金を借りお供え物をととのえた。翌朝、質屋に入れたはずの着物がうちにあり、しかも五十両もの大金があったから驚いた。質屋に行ってことの次第を話すが相手にしてもらえない。それでも帰らないので、根負けして質屋が蔵に行って見ると、はたして預かった着物を置いていたはずの棚には着物がない。それどころか、金もなくなっていたので、質屋はすっかり呆気《あっけ》にとられていたとのことだ。これは、貧しい家の女性の行為に対して、神様が福をもたらしたという話として広まったのだろう。

このような不思議な噂が飛び交うなか、手拭いに「おかげ」と書き、御幣《ごへい》などの絵を染めているというから、揃いの姿で踊っていたのだろう。次第に和歌山城下でも、くり返されるお札降りに、浮かれる人びとが増えはじめていた。

だが、小梅はまた違ったまなざしで現実を見つめていたようだ。小梅は、十二月七日、この和歌山のお札降りについての記事を日記に書き留めたあと、それに続けて全く性格の異なる事件を書いている。「京都木津屋橋あたりの醤油屋に寄宿していた土佐藩才谷梅太郎」と名乗る男が、面会を求めてきた三人の武士に殺害されたというできごとである。

「才谷梅太郎」は、同年四月二十三日に、和歌山藩の軍艦明光丸と衝突して沈没した船の積荷代として、和歌山藩に多額の賠償金を支払わせていたから、和歌山藩にとっても因縁のある人物だ。その死が、どういう結果をもたらすかはわからないが、和歌山の小梅たちにとっても無関係ではないと感じたから、京都での殺傷事件を日記に書き記したのだろう。

小梅の日記に事件の日時は記されていないが、その事件は慶応三年（一八六八）十一月十五日のこと。才谷梅太郎とは、坂本龍馬の変名であった。

第四章

家族と女性の一生

江戸時代の女性たちは、妻として、あるいは母として、または娘として役割を果たすことを求められる場面も多かった。夫や父母、子どもたちとの関係も、こうした役割に規定される側面が少なくなかった。

時には家の利害や論理が優先され、本人たちの意思はほとんど顧みられることなく、物事が進んでしまうことも多い。

そうした時代にあって、本書で取り上げている女性たちは、歴史の流れのなかで埋もれてしまいかねないような、怒りや苛立《いらだ》ち、深い悲しみなどを、時に自らのことばで日記に書き留めている。ここでは、江戸時代の女性たちの一生と家族との関係を、その喜怒哀楽にも注意しながら日記を読み解いてみたい。

家族の病と死

太郎の病

滝沢家の中心的存在であった馬琴が、嘉永元年（一八四八）の十一月六日、八十二歳（満八十一歳）で死去した。馬琴の子で路《みち》の夫だった宗伯は、天保六年（一八三五）五月八日に三十九歳で（満三十七歳）世を去っていたので、滝沢家に残された男子は、路と宗伯の間に生まれた太郎だけであった。太郎は、馬琴葬儀の際には二十一歳（満二十歳）だった。

ところが、その太郎も病に倒れた。嘉永二年（一八四九）には、もはや持筒《もちづつ》同心としての役目を果たせなくなってしまう。六月十五日には太郎の退役願が認められ、自宅で療養に専念することになった。

医師の見立てでは、太郎の病気は当初は風疾《ふうしつ》（中風・リウマチ・痛風などのこと）といわれていたが、別の医師にかかると「穿踝瘡《せんかそう》」という病気だと診断された。

六月一日、太郎の足は震えて痛みに耐えかねる様子。治療に使うためのコンニャクが手に入らない。コンニャクはコンニャク芋を使って作るもので、冬にとれるものだから、真夏に買いに行っても「この季節にはないよ」といわれるばかりだった。

同僚の山本半右衛門に事情を話すと、半右衛門がコンニャクを買いに出かけてくれた。麹町のコンニャク屋に行くが、やはり売ってくれず、「薬にするので、少しでもいいからぜひとも売ってくれ」と頼み込んでようやく、少しばかり手に入れた。路が、お金を払おうとすると半右衛門は代金はいらぬという。そればかりか、自らコンニャクの粉に糊を加えて一寸（約三・三センチ）の紙にのばしてくれた。これを患部に貼るというわけだ。

治療を続ける

七月一日、太郎は少し快方に向かっているようにも見えたが、小便が出ず、咳《せき》が出る。その後も大きく変わる様子はない。四日、太郎が餡《あん》のものが食べたいというので、伝馬町に買い物に行き、小豆《あずき》と砂糖を調達した。お昼過ぎに、ぼたもちなどを作って太郎に食べさせた。太郎は甘いものを好んでいたようだ。これ以降も食欲不振の時でも甘いものだけは喉を通るようで、路たちはくり返し甘いものを買ってきては太郎に食べさせている。

六日、太郎の病状に改善の兆しが見られないので、太郎の病気と医師・薬を変えるべきかどうか、占い師に見てもらっている。医師は戌亥《いぬい》（北西）か未申《ひつじさる》（南西）、あるいは南の方角がよい。病気については、「治らない。治るとしても時間がかかる」という結果であった。これを聞いて、路は心配限りなしと心情を書き付けている。

八日には、小便が出ない時には、ナメクジを酢で溶いてヘソの下に貼ればいいとどこかから聞き、路はナメクジを探してきてそのようにしている。その翌日、九日には先日の占いの結果により、南か南西、北西方面で医者を探してもらったが、いい医者がいないといわれている。この日も朝夕の二度にわたって、ナメクジを酢で溶いたものをヘソ下に貼ったほか、田螺《たにし》を酢で溶いて土踏まずに貼ればいいと聞いて、田螺をもらいに行っているが、手に入らずむなしく帰宅している。田螺は、翌朝には届けてもらい、ソバ粉と田螺を混ぜて酢で溶いて土踏まずに貼っている。

十一日には、梅村直記ら持筒同心仲間の三人も、太郎の回復を祈願して目黒不動でお百度参りをしてくれるという。路は、これを聞いて「感涙嘆息」するばかりであった。

別の医師が診察

七月十二日には北見玄又《きたみげんゆう》という医師が来て診察し、これは「穿踝瘡に間違いなさそうじゃ」と診断。あとから膏薬《こうやく》が届けられた。この膏薬を患部に貼ったところ、翌日にはたくさんの水ぶくれができた。その様子を見た路たちは不安になるが、北見は意に介さず、「悪水を出す」として水ぶくれの水を出し、新しい膏薬を貼って帰った。北見はこれでよいといっているが、太郎は膏薬を貼ったところが痛くて眠れない。

北見が、卵やウナギを二串くらい食べさせて精を付けた方がいいというので、十三日の夕飯には卵をつかった食事とした。小便は日中八回、夜に七回。医師の北見がいうように、少しはよくなっているのだろうか。その後も卵を食べさせて、十五日には北見のアドバイスでウナギを二串食べさせる。二十日には、小便の出をよくするために、ナメクジを火であぶったものを白湯に混ぜて薬として服用させている。

二十一日には舌・口内が痛み、太郎は食事も思うようにとれない。その後は再び、体調が悪化していく。せめていい医師がいればと思うが、その甲斐《かい》もなく、痛むところを撫でてやるくらいしかできないと、路はそのつらさを書き記している。

七月十五日には、山本半右衛門が滝沢家の庭掃除をしてくれた。太郎の病に加えて盆行事もあって、路には掃除をする余裕すらなく、庭がひどい状態になってしまっていたのを見かねてのことだった。

妻恋稲荷《つまこいいなり》に祈願

八月一日、持筒同心の松村儀助と長田章之丞が、同心仲間十六人で目黒不動に行って、千度も水をかぶる千垢離《せんこり》をして太郎の回復を祈ろうと思うのだが——といって来た。路はお気持ちはありがたいが、既に七月十一日に梅村直記たちが目黒不動での祈願をしてくれているので、みな様へご負担をおかけするのは本意ではないので……と断っている。路も太郎への配慮には感謝しつつも、周囲に過剰な負担をかけることには気を遣っていたようだ。

八月二日には、喉が炎症を起こしているようで、太郎は喉から胸のあたりが痛くて食事がつらいという。朝は麦飯、昼はウナギと粥《かゆ》、夕飯は麦飯と卵をとる。三日には、饅頭《まんじゅう》か桜《さくら》餅《もち》を食べたいという太郎のために餅屋に行くが、饅頭はなく、「桜餅」も季節はずれのせいか売っていない。かろうじて「あわまんじゅう」を手に入れることができた。なんとか、太郎の希望を叶《かな》えてやりたいという一心だっただろう。

四日には、氏神の妻恋稲荷に祈禱《きとう》をしてもらおうということになった。太郎の生年月日を書いたものと衣類、お初穂《はつほ》の百疋《ひき》を持参すれば、七日間にわたって丁寧に祈禱をし、御札《おふだ》と丸薬を授けてくれるのだという。五日に、山本半右衛門がそれなら私が行ってあげようといってくれたので、太郎の衣類と初穂などを預けた。半右衛門は、御札などを受け取って帰ってきた。御札で毎日、病人の身体を撫でるのだという。人形《ひとがた》には病人の息を吹きかけて、それから川に流せばいいのだという。さっそく、祈禱してもらった着物を太郎に着せて門口で振るう。これは、衣服に病気をつけて、屋外で払って追い出すというまじないだろう。人形にも息を吹きかけて千駄ヶ谷の川に流した。ご祈禱がきいたのか、この日は「少々快よく」ということであった。

平癒祈願と病状の悪化

このあたりから、神仏への祈願が増えてくる。八月六日に、当時の江戸で流行していた富士信仰の先達に祈禱を頼んでみてはどうかといわれ、七日に富士講の行者が四人、滝沢家に来て祈禱をしているが、「太郎容体替ることなし」。

十六日から、太郎の妹であるつぎとさちが、四ツ谷の天王様で太郎の全快を祈願してお百度参りをはじめた。十七日も二人でお百度参りに行ったが、無理がたたったのかつぎが感冒にかかってしまう。そこで、十八日の結願《けちがん》の日は、さちが一人で行くことになった。

十七日には、小用の回数が増えてきて、それまで使ってきた虎子《こし》（おまる）では不便になり、寝たままで用がたせるように竹筒をつかうことにした。この日は、足の痛みがこれまで経験したことのないほどだと太郎が訴えるようになった。

翌十八日、医師は太郎の容態を診て、「穿踝瘡」であれば、これほど痛むことはないはずなので、既に毒が「脱疽《だつそ》」に変わっているようだと診断した。脱疽とは、組織が壊死《えし》している状態である。医師は、「もはや全快することはありますまいが、痛みが甚《はなは》だしいようでは耐えがたいでしょう」といって、苦痛を緩和する方向へと治療方針を切り替えている。太郎の病状は、既に回復の見込みがないところまできていたのである。

看病は続く

その後も太郎は連日のように強い痛みを訴えている。八月二十四日には、見舞いとして「船橋屋練《ねり》ようかん」が届いたが、太郎は食欲を失くしており、粥などをようやく食べられる程度になっている。二十六日には、粥を無理にでも食べさせるというような状態であった。二十九日には、寝返りも打てず、長時間同じ姿勢で寝ていたせいで、床ずれを起こしている。二十四時間の看病を必要とするような、深刻な状態になってきているようだ。

路は、二十七日の日記に太郎が苦しむ様子を「見ているだけで痛ましく、胸が塞《ふさ》がる」とその胸中を書き付けている。一方で、七月上旬から太郎の容態は悪化するばかりだが、娘のつぎがたまに看病に来てくれるくらいで、太郎の看病をするのは自分一人で「憐れむべき事」と記している。このままの状態がいつまでも続けば、母の路も看護の負担で倒れてしまいかねないだろう。

九月十九日に知人の矢野文蕾が来て、泊まりがけで太郎の看病をしてくれた。つぎも看病にあたった。この日は、太郎の容態も比較的安定していたようで、看病する方も少し眠ることができた。

二十二日の夕方には、隣に住む林氏の妻が午後八時頃に来た。夜を徹して太郎の看病をするためである。後には路と執拗ないざこざをくり返すことになる、あの林氏の妻である。

二十四日は、懇意にしている豆腐屋松五郎の妻、すみが娘のまきを連れてやってきた。すみも太郎の看病をしようという。すみは夜遅くまで太郎の看病をしてくれ、寝たのは深夜の二時であった。多くの人びとの善意に支えられ、路は太郎の看病を続けられたのである。ただ、徹夜で看病してくれている人に夜食や朝食を出さないといけないので、路は台所仕事にも追われるようになった。

病状の悪化

十月三日、山本半右衛門が来た。先日、よい占い師がいると隣人の岩井正之助から太郎が聞いていたようで、半右衛門は太郎に頼まれて占い師のところに行っていたのだ。半右衛門は、占い師からの言葉を伝えてきた。それは、「今日から五日間が非常に危険です」という深刻なものであった。

太郎の容態は急速に悪化し、食欲もないので日々その身体が衰えていくのがわかる。娘のさちが寝ずの看病をしている。四日は、娘のつぎが終夜看病にあたったほか、林氏の妻や知人の矢野文蕾らも看病に来てくれた。五日も文蕾・山本悌三郎がつぎと一緒に終夜看病をした。同心仲間の梅村直記と岩井政之助は二人で目黒不動に行って、太郎の回復を祈って千垢離をしている。

そして、十月八日の日暮れ頃に梅村直記・岩井政之助・山本悌三郎が来て、しばらくして一度は自宅に帰っていた林氏の妻も来た。四人と路で交替で太郎を看病する。八月に路は、太郎の看病にあたるのは自分一人しかいないと嘆いていたが、十月八日には、「たびたび人びとの世話になった」と書き留めている。太郎も路も、周囲の人びとの善意に支えられていたのである。

太郎の最期・路の悲痛

十月九日、朝の八時――。太郎は激しく苦しみ、路や看病にあたっていた悌三郎・さちが手を尽くしたが、それもむなしく、ついに午前九時頃に太郎はこの世を去った。享年二十二（満二十一歳）。

息子を亡くした路の悲しみは深く、「愁傷《しゅうしょう》腸《はらわた》を断《た》つ心地」であった。多くの人に世話になったので、後々のための記録として日記ぐらいは書いておこうとは思うのだけれど、筆をとろうとすると胸がふさがり、ただの一文字も書くことができない。路は、欠かすことなく書いてきた日記も、しばらく書くことができない状態に陥《おちい》っていたのである。

滝沢家の日記は、義父の馬琴の頃から欠かさず記していたもので、晩年になって馬琴が失明してからも路が口述筆記してきた。にもかかわらず、路の日記は十日から二十二日までの記述がない。何ひとつ手に付かないくらい、路の悲しみは深かった。

いつまでも日記を書かずにいるのも、亡くなった馬琴の遺志に背くことにもなろうかと思い、二十二日になって意を決して「涙ながら」に、太郎がこの世を去った十月九日のことを書いた。

婿《むこ》養子と婚礼

太郎の死から

太郎が死去してから、路《みち》が悲しみに暮れていられる時間はあまりなかった。太郎が嘉永二年（一八四九）十月九日にこの世を去ると、十月二十三日には持筒《もちづつ》同心仲間の長田章之丞が来て、十八歳の従弟《いとこ》を婿養子にどうかといってきている。路の娘、さちの婿に迎えて、滝沢家を継がせてはどうかという提案である。この時、さちは数えで十七歳（満十六歳）であった。

滝沢家では、馬琴が大金と引き換えに武士の身分を手に入れているため、早々に養子を迎えて家督を継がせなければならなかった。太郎が病気で退役している間は、同僚が名代として役目をつとめてくれていた。しかし、滝沢家の当主不在が続けば、結果的に同僚たちの負担が増える。そこで、同心仲間が養子の世話を焼いていたというわけだ。

十月下旬には、あちこちから婿養子の話が舞い込むようになっていた。滝沢家のことを思ってのことなのだろうが、さすがに太郎の死からわずかに十日あまりでは気持ちの整理がつくはずもない。無下《むげ》にするのも気がひけるけれど、とてもそんな気にはならない。路は「どうもうるさいばかりで、いっそう太郎のことを思い出し、胸が苦しくなる」とその心中を日記に書き留めている。

相応のあいさつ

十一月三日には、滝沢家と親しくしている江坂卜庵《えさかぼくあん》が婿養子の話を持って来た。「相応のあいさつ」をしたら、帰って行ったという。ここでいう「相応」とは、語義通りの〝ふさわしい〟というよりは、むしろ現在の日常語で使われる適当《テキトー》に近いニュアンスだろう。「いいかげんに応対していたら、帰って行った」ということのようだ。九日にも卜庵の縁者が婿養子の話を持ち込んできた。先方は二十二歳とのことで、「こちらの意に沿わない」けれど、「相応のあいさつ」をしていると帰って行った。

十八日には、日頃から家族ぐるみの付き合いをしている深田長次郎家の「老婆」が来て、婿養子の話を持ちかけた。先方は二十三歳ということで、十七歳のさちとは年が離れていることを理由に断った。この時には、本心からかどうかはわからないが、「また誰かいい人がいたらお世話をお願いします」と丁寧に答えておいたようだ。

十一月二十六日、ようやく太郎の四十九日法要を終えると、養子の話はいっそう増えていく。十二月九日には、白井勝次郎が縁談のことで訪問してきたが、その時は「栗原氏も一緒だから」と面談を求めたという。話を持ちかけるだけでなく、関係者も連れてきて引き合わせてしまおうという魂胆《こんたん》だったのではなかろうか。かなり強引に話を進めようとしていたといえるだろう。路も、いつまでも「相応」の応対をくり返しているわけにもいかなくなってきた。

続く縁談

嘉永二年（一八四九）も暮れようとしている十二月二十日、石井勘五郎が婿養子の話を持ちかけ、明日には本人を連れてくるという。この時、路は断ることはせず、石井のしたいようにさせた。ただ、「その意に任せ置く」という書き方なので、前向きだったというわけでもなさそうだ。断るのも疲れたので、もう「お好きにどうぞ」という感じだろうか。

二十一日、その養子候補を連れて石井が来たので、隣人の伏見氏も呼んで一緒に応対してもらった。

石井からの話で確定したというわけではなく、それ以降も養子の話は続く。あまりに同じような話がくり返されるせいか、路は辟易《へきえき》した様子で「これまた、婿養子の話だ」と日記に書くようになっていた。十二月二十九日には、鉄炮同心の山本半右衛門から、縁談のことで明日行くと告げられ、大晦日《おおみそか》にも路は婿養子候補と座敷で面談している。

路は、「ここのところ色々あってゴチャゴチャしているけれど、自分一人では手におえない。

一人で胸を痛めているばかり。ため息ばかりだ」（「壱人胸を痛め候のミ、実ニ歎息限《かぎり》なし」）と胸のうちを日記に書き留めている（十二月二十一日）。

年が明けて

嘉永三年（一八五〇）、母子二人だけで正月を迎えていた。ただ無気力に、その日を送るだけの寂しい正月だった。しかし、正月十日にもなると、憂鬱《ゆううつ》な現実から逃れることはできない。婿養子をめぐる問題は続く。山本半右衛門が来て、昨年大晦日の婿養子の話は、先方に何か不都合があったようで……といってきた。この話は白紙となった。

正月十三日には石井勘五郎が、十二月に紹介していた婿養子候補を連れてきた。この日は、さちとも対面している。さちとの初顔合わせである。こうして見ると、当事者のはずのさちは、婿養子の件からずっと蚊帳《かや》の外におかれていたことが、あらためてわかる。

二月三日には、和歌山藩医の坂本順庵が、紹介してきた養子候補について、二十一歳だといってきた。さちは十七歳なので、それじゃあ「四つ目にあたる」のでダメだなと帰って行った。四目十目《よめとおめ》といって、夫婦の年の差が四年目、十年目にあたると不縁のもとだとして忌避《きひ》する俗信があったためだ。相手の都合や年回り、俗信などもあって、なかなか簡単ではないのである。

おみくじにすがる

いくつも婿養子の話が舞い込み、いずれは決めないとならないが、簡単には決められない。二月六日に路は、義母（馬琴の妻）の百の法事と馬琴の忌日のために菩提寺の深光寺《じんこうじ》に参《さん》詣《けい》し、その帰り道に大日様で婿養子の件を占っている。結果は石井氏の紹介する人物は「上吉」、林氏が紹介する二十八歳の男は「半吉」、植村嘉門太が紹介する人物は「凶」。

七日には、植村嘉門太が約束通りに広岡春三郎の次男を連れてきたが、先日の話では二十歳と聞いていたが、二十二歳でどうも話が違っていた。母と娘の二人で対面したが、一時間くらいで「退散」している。前日の占いで「凶」と出ていたことに加えて、年齢詐称（?）も発覚したため、路たちの態度も最初から冷たかったのかもしれない。

「半吉」の林猪之助の方は、九日に滝沢家に来て対面している。「上吉」だった石井勘五郎の方も十一日に婿養子候補を連れてきて、路たちと対面させている。十二日には上野伝次郎という婿養子候補を引き合わせた。その後で、路は伝馬町の銭湯に行く途中、縁談について「天王様」でおみくじを引いたところ、「半吉」だった。

急展開

なかなか婿養子を決められなかった滝沢家だが、転機となったのは二月十三日である。持筒同心で太郎が見習いだった時の師匠でもあった山本半右衛門の妻が、養子の話を持って来た。翌日、さらに具体的な話になる。白井氏なる人物の仲介によるもので、先方は松平阿波守様の医師をつとめる殿木竜谿《とのきりゆうけい》という人物の三男、日本橋に住む順蔵という人だという（ここでは「順三郎」と書かれるが、あとの記載はすべて「順蔵」）。しかも、ちょうど日本橋からこっちに来ているというので、さっそく呼び寄せる。どうも最初から仕組まれている感じが濃厚だ。

山本半右衛門も順蔵と一緒にやってきて、路・さちと対面した。当人が山本家に帰ったあとで、その場に残った山本半右衛門へ路は、おみくじで決めてお返事するつもりです（「何れ御《み》籤《くじ》次第ニ挨拶致し候つもり」）と返答した。

「おみくじで決める」というのは、「相応のあいさつ」というわけではなかったようで、本当にその日のうちに路は「天王様」におみくじを引きに行っている。おみくじの結果は日記に書かれていないが、きっとよかったのだろう。くじの結果を山本半右衛門に伝えたところ、仲介役の白井氏に早速知らせると告げて帰って行った。おみくじの結果で、事態は急展開することになった。

納采《のうさい》に向けて

二月十五日、山本半右衛門が日本橋の殿木竜谿のところへ行き、順蔵と対面して来た。話を前に進めるためだろう。六日、山本半右衛門が来て前日の様子を話して帰って行った。その後も頻繁に山本半右衛門が滝沢家を訪れて、殿木家とのやりとりについて細かく報告してくるようになった。そして、二十六日、山本半右衛門がついに「納采《のうさい》」の日取りを決めてきたと告げた。「納采」とは、結納《ゆいのう》を取り交わすことだから、これで順蔵がさちの婿として滝沢家に入ることが確定したといえる。

二十八日、殿木家から「封金」（結納金）が届くことになっていたが、諸事情で三月五日に延期。仕切り直しの三月五日は、座敷で殿木順蔵らを迎え、初対面の口上を述べたうえで結納金を受け取った。そして、八日は吉日だったので、山本半右衛門が殿木家へ、滝沢家からの裃《かみしも》代・鰹節代などの名目で三百疋《ひき》を目録に記して届けた。婚礼の日は近い。

婚礼を前に

ところが、十一日からさちは「感冒」で寝込んでしまい、なかなか熱が下がる様子がない。坂本順庵に診察してもらったところ、流行している風邪にかかっているだけなので、熱さえ下がれば心配はいらないとのこと。十三日、深田長次郎の姉でさちとも仲のよいよしが柏《かしわ》餅《もち》を持って滝沢家に来たのは、さちの様子を心配してのことだろう。しかし、さちは起きてこられなかった。ただ、食欲は戻ってきて、少しずつだが食事を口にしているので、回復に向かってはいるようだ。ここまで、路の日記を見ても、さち自身の感情がうかがえるような記事はない。この「感冒」は、本人不在の中で進む縁談に対するさちの無言の抵抗だったのかもしれない。

十五日には、知人の宗村お国が来て、「おさちさんの婚礼はいつ頃なの？　その時にはお祝いに伺いますからね」という。路は、「二十日に祝儀をするから、十九日にはお越しいただけますか」と答えている。十八日、路は二日後に婚礼をひかえたさちと一緒に銭湯に行った。二人でどんな話をしたのだろう。

十九日、路は隣人の伏見氏と一緒に、翌日の婚礼で出す料理のために買い物に行った。買い物から帰ってきたのは午前十時。それから、伏見岩五郎と山本半右衛門が調理をし、深田長次郎がその手伝いをする。夕方の四時頃には下ごしらえを終えた。同じ頃、荷持人足四人が日本橋の順蔵からの荷物を運んできた。今日、順蔵は山本半右衛門のところに来ている。滝沢家に来るのは、いよいよ明日となった。

祝いの日

二十日、婚礼当日を迎えた。朝のうちから、近隣、知人から次々と祝いの品が届けられる。当日、祝いの席で出る料理は、昨日の下ごしらえにあたった伏見氏、山本氏に加えて、深田長次郎、豆腐屋松五郎の妻、宗村お国が担当する。

　午後四時に、山本半右衛門の妻から、媒酌《ばいしゃく》人《にん》の山本半右衛門らとともに順蔵らが来ることを告げられた。といっても、当の半右衛門は滝沢家で料理の準備にあたっていたので、急いで自宅に引き返し、あらためて媒酌人山本半右衛門として順蔵らを連れて滝沢家にやってきた。滝沢家では、さち・路とも礼服で迎え入れる。

　媒酌人山本半右衛門夫婦の取り持ちで、祝い酒、取り肴《さかな》、のしこんぶ、スルメ、蛤《はまぐり》吸い物、歯がため（餅）などが座敷に並び、親族一同で盃を交わし、初対面の口上を終えた。その後、料理が出されるが、夫婦には「高盛飯《たかもりめし》」といって、椀に飯を高く盛り上げたものが出される。酌を豆腐屋松五郎の息子・娘にさせ、正式な宴が終わったのは午後十一時頃のこと。その

図4-1　江戸時代の婚礼の様子。

後も祝いは続き、新郎新婦は十二時頃に退出した。その後、路は山本半右衛門夫婦、伏見氏、深田氏に食事と酒を出してねぎらった。

片付けは翌朝である。昨日の宴会で使った道具類を片付け、あちこちから借りていたものは深田長次郎が運び、それぞれに返却した。ひととおりの片付けが終わったのは昼過ぎだ。世話になった伏見氏を招き、昨日の残りもので酒をすすめている。

その後の婿養子

太郎の死からわずかに五ヶ月たらず。路やさちの意向とは別に、状況に押し流されるように事態は進み、滝沢家は婿を迎えた。順蔵は、四月六日に小太郎と名をあらためている。

おみくじで決めた婿養子だったが、五月にはさちとの関係が悪化している。五月中旬に小太郎が腹を立て、十六日にさちが理由を聞いたところ、滝沢家に人の出入りが多いのが気に入らないという。もう日本橋の実家に帰りたいといい出している。翌朝、路が小太郎と話をしてみると、小太郎は不満を口にする。八月十三日には滝沢家から小太郎の実家である殿木家に離縁を申し入れ、その後は離縁に向けた各方面との調整を進めることになる。

妊娠と出産

さちの妊娠

滝沢家では、跡取り息子の太郎を嘉永二年（一八四九）に亡くし、翌三年にはさちの婿として養子に小太郎を迎えたが、夫婦仲が思わしくなく、一年たらずで離縁することになった。そうはいっても滝沢家の家督を継ぐ者はどうしても必要である。滝沢家では、小太郎の離縁から間もない嘉永四年（一八五一）六月二十八日、今度は吉之助をさちの夫として迎えている。

後には吉之助もさちと離縁することになってしまうのだが、少なくともこの頃は、さちと吉之助の仲はうまくいっていた。嘉永五年（一八五二）には、さちが妊娠。この時、さちは数えで二〇歳（満一九歳）だった。

路の日記を見る限り、さちについての記述は普段と変わらない。七月十五日には、さちは最近食欲不振で腹が痛く、たびたび黒丸子《こくがんし》という薬を服用しているとあるので、このあたりで体調の変化が見られていたのかもしれない。だが、路はさちが「騒がしいのはいつもとおなじ」と書いている。なんだか冷たい。

出産日から逆算すれば、少なくとも八月くらいにはお腹が大きくなりはじめていたはずである。そろそろ出産のことも考えなければいけない時期だ。九月十五日、青山六道《ろくどう》のとりあげ婆《ばば》のみきが、隣の伏見家に来ていた。「とりあげ婆」とは、出産にあたってお産の世話をする助産師のことだ。みきには、ちょうど滝沢家でも近いうちに来てくれと頼んでいたところであったので、さちの様子を告げて、いずれ十月には頼むからと伝えている。

帯祝い

十月二十一日には、路はさちと一緒に浅草観音（浅草寺《せんそうじ》）にお参りにいっている。浅草寺では、腹帯をさちの分と松岡つる（松岡鶴）の分、二つを授与してもらっている。腹帯のお初穂《はつほ》は一つ二十四文だった。松岡つるは、滝沢家の近所に住む松岡織衛の妹。松岡家と滝沢家は家族ぐるみの付き合いが続いていた。おそらく同じ頃に妊娠していて、せっかく浅草まで来ているのだから、つるの分も買って帰ってあげようということなのだろう。

二十六日、買い物に行ったついでにとりあげ婆のまつのところへ立ち寄っている。これまでとりあげ婆の名前はみきだったのだが、別人の名前になっている。何か事情があってまつに変わったのだろうか。二十七日に「着帯《ちやくたい》」、つまり安産を祈願して、腹帯を巻く「帯祝い」という行事をすることを伝えた。

そして二十七日、今日は吉日だというので、さちの帯祝いと「元服」をすることになった。

昼にはとりあげ婆が来て、腹帯をしめてもらって帯祝いも無事に終わった。この時に使った腹帯は、浅草観音で授与されたものだろう。

用意された料理は一汁三菜。平皿には松茸も並び、イサキの煮魚。吸い物もイサキ。家内一同で祝うとともに、近所の伏見夫婦や親族などを招待し、ごちそうを振る舞った。吉之助の実家、榎本家からの訪問が遅れているので、吉之助が迎えに行くと母親がやってきた。祝儀とともに、腹帯を二本持参。路の子で、飯田町の清右衛門家と義姉さきの養女となっていたつぎは、口紅や玳瑁《たいまい》（ウミガメ）の櫛《くし》を持参して祝った。

普段の暮らし

帯祝いも終え、さちのお腹も年末までにはかなり大きくなっていると思うのだが、路の日記を見ている限り、その後も生活が大きく変わったようには見えない。

路たちと一緒に頻繁に銭湯に行っている。十二月二十七日、しょっちゅう滝沢家に遊びに来ている同心仲間深田長次郎の姉、よしが「湯」に行きたいといい出したので、さち・よしと路の三人で銭湯へ。ところが、この日は道がぬかるんでいて思うように歩けず、難儀なことこのうえなかった。帰ってきたのは午後八時頃のこと。よしは履き物の鼻緒が切れてしまって裸足《はだし》でようやくたどり着くような、散々な目にあった。季節も真冬のことだから、妊婦のさちはすっかり冷えてしまって、困っていたのではないだろうか。

それから二日後、年の瀬の二十九日に、よしがやってきて、またも一緒に銭湯に行こうというので、さち・よしと路の三人で銭湯へ向かう。帰り道には楽しく買い物をして、ご機嫌で帰ってきたところ、道が悪かったようで、二日前と同じ場所でよしがまたも転倒している。お腹の大きなさちは、銭湯までの道のりはずいぶん注意して歩く必要があっただろう。

臨月を迎える

嘉永六年（一八五三）正月元日、路は日記に「家内安全の春を迎ふ」と記し、新しい年を迎えた。この日の夜、大根の葉を干した物とマタタビの実を煎《せん》じてさちの腰湯をした。臨月の「一日」に「腰湯」をするとお産が軽いと人から教えられてのことだというが、結果的に元日に、マタタビを煎じる臭いが家中に充満することになったというわけだ。元日夜の滝沢家には、近所のノラ猫たちが集まってきていたのではないだろうか。

もういつお産になってもおかしくはない。十二日にはとりあげ婆が顔を見せた。いつものとりあげ婆とは違う。話を聞いてみると、とりあげ婆のまつは昨年の冬から体調を崩しており、代わって妹の染《そめ》が来たのだという。この女性も姉と同様に助産の経験があるのだろう。この時は妊婦の腹を撫《な》でて帰っていった。

しかし、二月一日になっても、まださちが出産する気配はない。結局臨月を迎えて二回目の「一日」を迎えたので、この日も大根の干葉《ひば》とマタタビを煎じて腰湯を使う。とりあげ婆まつの代理染が来て、お腹を撫でて帰っていった。

三日、路は臨月のさちと一緒に銭湯へ。五日、さちは、夜明け前には起床して仕度を調え、夫の吉之助を起こす。今日は吉之助の出勤日だ。お昼には、路が作った煮染《にしめ》めを同心仲間の深田大次郎のところへ安産見舞いとして届けている。普段通りの生活が続いていた。

無事出産

二月六日朝、さちが産気づいた。夕方、四時頃には、いよいよ子どもが産まれそうな様子となった（「ますます催し候」）。勤め先から帰った夫の吉之助は、日暮れ前にとりあげ婆のまつを呼び寄せた。さすがに、お産の現場では代理というわけにはいかず、少し無理をして、経験豊富なまつが来てくれたということだろうか。

さちには催生湯《さいせいとう》を飲ませる。桂枝茯苓丸《けいしぶくりょうがん》ともいう出産を促す漢方薬だ。そして、安産の御利益《ごりやく》があるという水天宮《すいてんぐう》のお札《ふだ》を水に浮かべて飲ませている。吉之助は湯を沸かす。

そして、無事に午後八時頃に男子を出産。安産であった。「家内一同安心」と路は記している。臨月を迎えてからも出産する気配がなかっただけに、家族は安堵しただろう。

隣人の伏見氏は、この日は心配して何度も様子を見に来てくれ、看病をしてくれていた。産後の体力回復を願ってか、鶏卵やアサリのむき身など栄養のあるものも届けてくれた。お産を無事に終え、午後十時に帰ったとりあげ婆は、伏見氏が自宅まで送っていった。

翌朝、吉之助は同心の組頭に「出産届」を提出。そのついでに、同僚の山本氏・深田氏にも安産だったと報告している。

出産祝い

七日、高畑久次郎の妻が安産祝いとして水飴と犬張子《いぬはりこ》を持参した。犬張子とは、張り子で作った犬のことで、安産や子どもの成長を祈る縁起物だった。その後も知人た

図4-2 お産の様子。画面右にとりあげ婆と新生児が描かれる。お産は左側屏風の向こうで行われている。

ちが次々と滝沢家の出産を祝いにやってきた。

出産の際にもあれこれと気を配ってくれていた隣の伏見氏の妻が来たので、生まれたばかりの赤ちゃんに乳を付けてもらった。これは、初めての乳を既に授乳している他人からもらうと、赤ちゃんが元気に育つといわれていたから。昨年の十一月十二日に次男を産んでいた伏見氏の妻に頼んで、乳を付けてもらったというわけだ。伏見氏の妻から、赤ちゃんは乳をよく飲み、すやすやと眠ったと聞いて、きっと路たちは安堵しただろう。

翌八日には、山本半右衛門の妻がカツオ節を二本、味噌漬大根を持参。山本の妻も昨年の八月二十八日に出産しており、ちょうど授乳中だったようで、乳を付けてもらっている。山本半右衛門の子も一緒に来ていたので、薄皮餅《もち》などを振る舞っている。その後も安産祝いの来客は続き、手紙や祝いの品も色々と届いた。

お七夜を祝う

十二日、「出生七日夜」の祝儀。いわゆる「お七夜」である。この日に赤ちゃんの成長を祈願する行事をし、名づけなどを行う。

この時に用意したのは、赤飯、一汁四菜というごちそうだ。マグロや赤味噌、大イナ（ボラ）やホウボウなどを焼いた物、十八人前が並んだ。そのほか、七人に「贈膳」とあるので、料理を届けたらしい。計二十五人前を路とさちの夫で婿養子の吉之助と吉之助の母――つまりさちの母・夫・義母――の三人で調理した。数が多いから、大変だったことだろう。

これまでの日記には「出生」という言葉で表現されていた赤ちゃんには、「倉太郎」という名前が付けられた。

この日、赤ちゃんの産毛《うぶげ》を剃《そ》り、沐浴《もくよく》させている。とりあげ婆のまつも滝沢家を訪れ、犬張子とおもちゃのガラガラを持参した。まつには、この時に「肴代《さかなだい》」という名目で謝礼として金百疋《ひき》を渡している。

来客の対応や饗応《きょうおう》に追われて、お七夜の当日はとても片付けどころではなく、そのままにして寝たようだ。膳椀の片付けは翌日に行われている。「今日もごたごた致し、終日奔走」と日記にあるので、お七夜を終えても落ち着くことなく、バタバタとしていたようだ。とはいえ、路にとっては初孫である。慌ただしいなかにあっても、幸せにつつまれていたことだろう。

十四日には、さちが腰湯を使い、座敷まわりの掃除をした。自宅でお産をしたさちの周辺も次第に片付きはじめていた。徐々に日常生活に戻っていくことになる。

二月二十七日には、路とさちは生まれて間もない倉太郎を連れて銭湯へ。倉太郎はこの日が「初入」だからといって、湯屋には祝儀として十二文を出している。

疱瘡《ほうそう》

路《みち》の娘、つぎの疱瘡

江戸時代、疱瘡（天然痘）は猛威をふるっていた。天然痘ウィルスの感染によって発症し、全身に豆粒状の発疹があり、高熱が出る。強い感染力と死亡率の高さ、治癒しても跡が残ることから、江戸時代には非常に恐れられていた。

滝沢家でも、疱瘡に見舞われている。曲亭馬琴の日記によれば、路の娘つぎが疱瘡にかかったのが、天保二年（一八三一）二月のことであった。つぎは文政十三年（一八三〇）閏《うるう》三月十三日の生まれなので、満年齢では一歳にも満たない乳児の時である。

二月六日につぎが発熱し、夜中にひきつけを起こした。翌日も同様で、八日になって熱は引いたが、どうやら疱瘡らしいということになった。『痘瘡水鏡録《とうそうすいきょうろく》』によると、疱瘡は四、五日後に熱が下がり、口のまわりや額などに赤い発疹が見られるようになるという。つぎにもこうした発疹が見られたことで、疱瘡だと判断されたのだろう。

疱瘡除《よ》けグッズ

馬琴は、八日に飯田町で商いをやっている娘婿の清右衛門に、小石川馬場の根岸伊三郎のところで疱瘡守りをもらい、あかねもめんを買ってくるように頼み、金一朱を渡している。根岸伊三郎は疱瘡除けの呪符《じゅふ》を出していたのだろう。また、「あかねもめん」というのは赤い木綿の布で、子どもに着せる赤い着物を作るためのものだ。疱瘡神は赤色が苦手で、赤い物に疱瘡除けの効果があると考えられていた。

翌日、馬琴のもとに清右衛門が来た。根岸伊三郎のところに行ったが、既に疱瘡にかかってしまっているならお札を出さないという。予防には効果があるが、罹患《りかん》してからは効果がないということだろうか。清右衛門は、つぎの疱瘡除けのまじないとして、張り子のダルマと赤い木綿の着物と頭巾《ずきん》を届けてきた。これはうちで用意したものですから……といって、清右衛門は昨日馬琴から受け取った金一朱をそのまま返している。

午後、白山《はくさん》権現で疱瘡のお守りをもらい、さらに「為朝《ためとも》の紅絵《べにえ》」を買ってきた。為朝というのは、鎮西八郎《ちんぜいはちろう》源為朝のことで武勇で知られた武将だ。馬琴の読本『椿説弓張月《ちんせつゆみはりづき》』の主人公でもある。紅絵というのは、疱瘡神が苦手とする赤色で描かれた疱瘡除けの絵である。勇猛な武将の絵で疱瘡を追い払おうというまじないである。白山神社の神主の指示にしたがい、疱瘡神を祀《まつ》る疱瘡棚にお守りを貼り、お供えをして、為朝の絵も一緒に掛けた。疱瘡に罹患

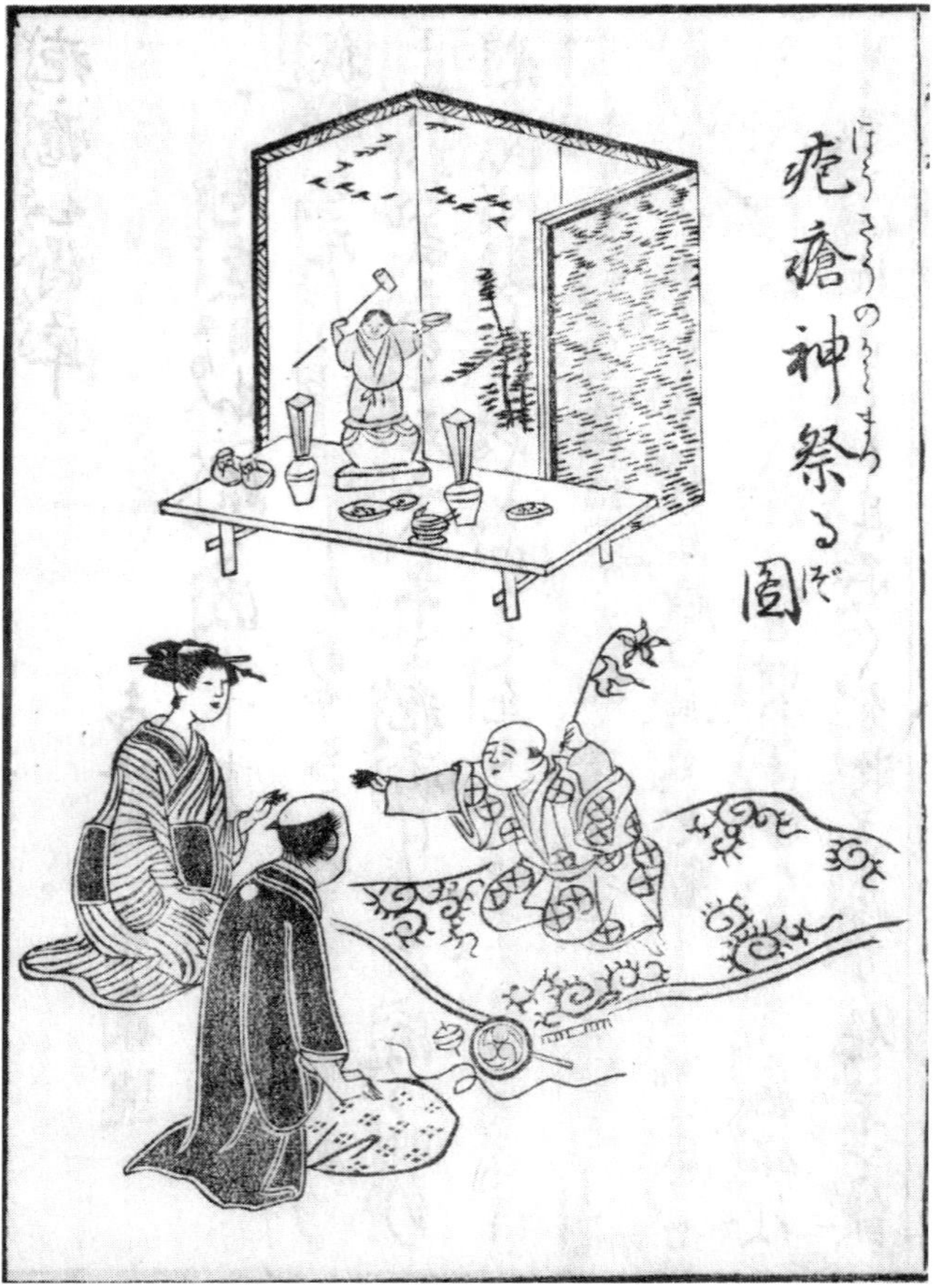

図4-3　疱瘡棚を設け、疱瘡神を祀る。

している間、棚に疱瘡神を祀る。

つぎが疱瘡にかかったことを聞きつけ、十日から疱瘡見舞いに知人や友人たちが訪問している。子どもが喜ぶようなお菓子、練り羊羹《ようかん》や落雁《らくがん》（干菓子《ひがし》）などに加えて、おもちゃやダルマなど。これも疱瘡除けのまじない絵によく描かれるものだ。

重篤でなければ、疱瘡は通常は十五日程度で快方に向かう。十三日目の二月十八日には「順快」。これで一安心――のはずだった。

一難去って……

ところが、二月十八日の夜、今度はつぎの兄、太郎が少し熱っぽい。食欲は普段通りで、気分もいつもとは変わらないが……。そして、翌十九日には、どうも疱瘡らしいということになる。太郎は文政十一年（一八二八）三月二十二日生まれなので、まだ三歳にもなっていない。馬琴は「軽痘なり」――軽症だとは書いているが、相次ぐ孫の疱瘡罹患、とりわけ滝沢家の跡取りとして期待されている男子である。落ち着いてもいられなかっただろう。

二十日には、やはり顔に三、四つと左腕に三つ、肩に一つの発疹が見られる。太郎の父宗伯は「痘瘡（疱瘡）にまちがいない」と診断した。今度も清右衛門にあかねもめんを依頼し、翌日には赤い木綿で単衣《ひとえ》を縫って着せる。前回と同様に、白山神社へお札《ふだ》をもらいに行っている。

この時には、太郎の疱瘡罹患を防ぐために、あらかじめ根岸伊三郎のところでお札をもらっていたようで、疱瘡棚には白山神社のお札に加えて、根岸伊三郎のところでもらったお札の両方をお祀りした。白山神社のお札は、桟俵《さんだわら》の絵だった。桟俵は、疱瘡神を川に流す時に使うもの。早く疱瘡が治るように祈ってのデザインだろう。そのほか、疱瘡棚には為朝の絵などもかけて祀っている。

今回も、二十三日から疱瘡見舞いに次々と来客があり、おもちゃやダルマなどを持って来ている。二十四日には、医師の父宗伯が処方した煎薬を服用させた。太郎は煎薬を嫌うので、みんな心配していたが、特に変わったことはなかった。

快方に向かう

二月二十五日、太郎は「起張《きちょう》」の二日目を迎えたと馬琴の日記にはある。「起張」（起脹）とは、『疱瘡水鏡録』によれば、痘がエンドウ豆くらいになって顔も腫《は》れ上がる状態という。二十六日には「起張」の終わりとあるので、快方に向かっている。峠は越えたようだ。

三月四日は「ささ湯」をしている。これは、酒を加えた米のとぎ汁を、笹の葉で痘瘡のかさぶたにつけて洗うもので、疱瘡が無事に終わったことを祝う意味合いもある。これにともない、疱瘡棚も撤去している。棚に祀っていたお札、御幣《ごへい》、ダルマはお札をいただいてきた浅草山谷の白山神社にお返ししている。もちろん、白米・銭百文、幟《のぼり》奉納のための銀一匁も忘れてはいない。この日、「小児共両人、疱瘡の式祭畢《おわ》る」とあるので、ようやく一同、ほっとしたことだろう。幼い子どもたちが相次いで疱瘡に見舞われ、まだ二十代半ばの若い母親の路には、気の休まることのない一ヶ月間だったに違いない。

ここまで見てきたように疱瘡に対しては、医師の宗伯が的確に診断し、煎薬を飲ませるなどの医療行為は見られるが、日記の記述を見る限りは、呪符《じゅふ》やまじないなどの比重の方が高い。江戸時代には、疱瘡は避けることはできないものととらえられており、疱瘡が軽くすむようにと、さまざまなまじないや、縁起ものが生まれていたのである。

種痘《しゅとう》の登場

呪術《じゅじゅつ》に依存する比重の高かった疱瘡だったが、画期的な医術がもたらされる。種痘である。十八世紀末にイギリスのエドワード・ジェンナーが、牛痘に罹患した人は天然痘にかかりにくいという噂《うわさ》を聞き、そこから牛痘を予防的に接種し、免疫力を獲得する種痘法を開発した。牛痘接種法は、オランダ商館長のズーフの手で日本に持ち込まれた。そして、嘉永二年（一八四九）オランダ商館のドイツ人医師オットー・モーニッケが、バタビアから牛痘のかさぶたをとりよせて接種を行って成功させ、日本にも種痘が広まっていく。

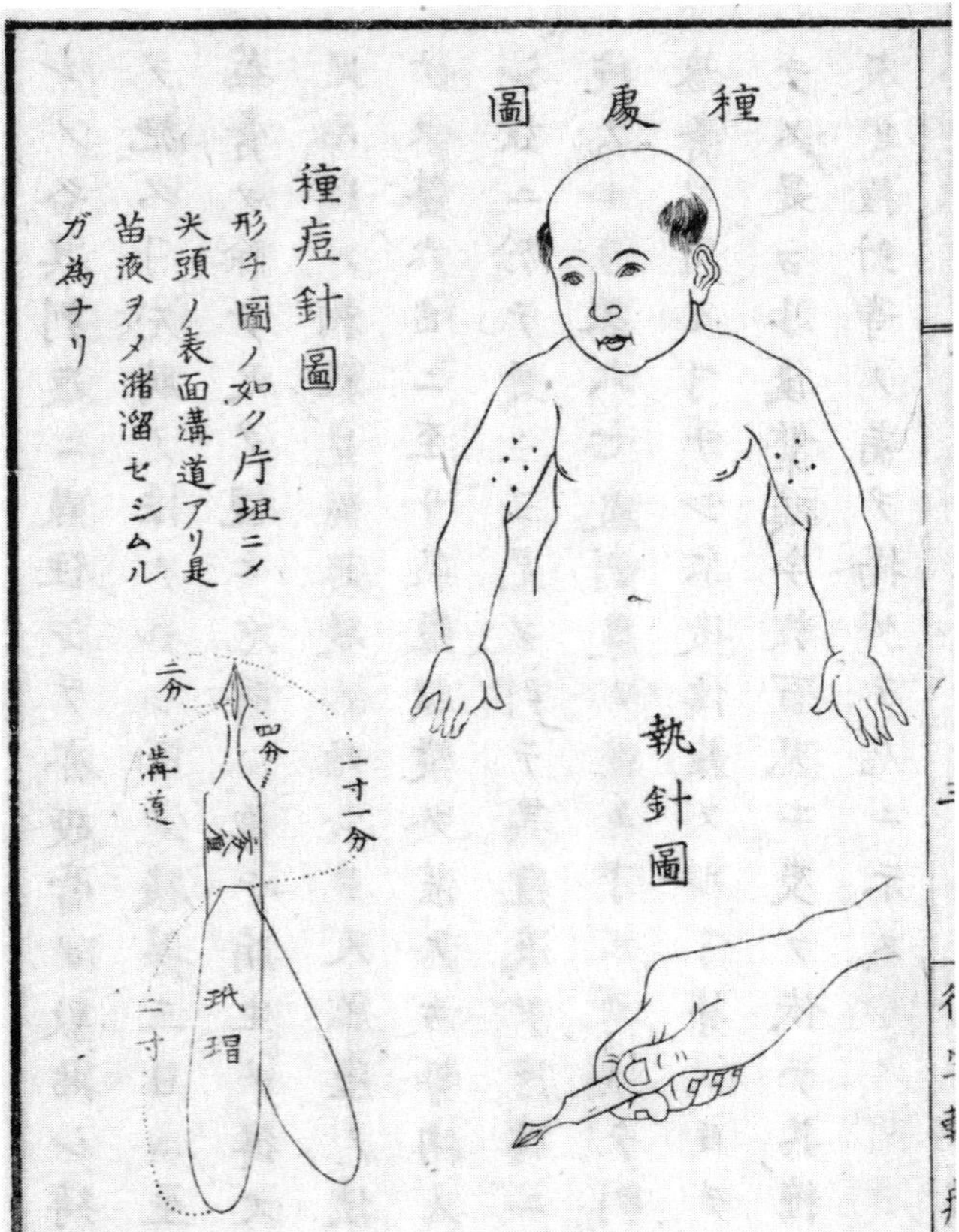

図4-4　種痘の様子。左右の腕に種痘針という道具を用いて複数ヶ所に接種する。

種痘は、京都の医師から大坂の緒方洪庵《おがたこうあん》、福井の笠原良策《かさはらりょうさく》へと伝えられるとともに、地方農村へも急速に広がっていった。安政五年（一八五八）に、幕府の許可を得て蘭医たちが江戸に種痘所を設けると、おなじ年に和歌山でも初めて種痘所が開かれている。

滝沢家で路たちが、子どもたちの疱瘡に神経をすり減らしていたのは天保二年（一八三一）のこと。それから二十八年後の安政六年（一八五九）には、和歌山でも種痘が行われるようになっていたのである。

種痘所に行く

三月二十六日、川合小梅は前年に生まれていた初孫の菊江《きくえ》を、種痘（「うへぼうそう」）のために北町の医師林仙齢《はやしせんれい》のところへ連れて行った。

種痘は、上腕部の複数ヶ所に傷を付けて、そこに痘苗（天然痘ワクチン）を植え込む方法を用いる。天然痘患者の膿《うみ》やかさぶたなどを未感染者に植えるわけなので、当然ながら、身体への負担が小さく、かつ十分な効果が得られるような「種《たね》」が望ましい。

小梅は、前々から八百屋町の子に「よきたね」があると聞いており、その子から菊江に植えてもらおうとしていた。しかし、その場にいなかったので、呼びにやらせたが来ない。そこで、その場に居合わせた五歳の男の子から植えることになった。

最初は町人の女の子に植え、次に菊江の番だ。片腕に五ヶ所、両腕で合計十ヶ所所所に植えたという。ワクチンの接種は皮膚を傷つけて行うので痛いのだろう。小さな腕に何ヶ所も種痘を終えた子どもたちは三人とも泣き出し、かわいそうだったという。四日目にもう一度、連れてくるようにいわれ、その日は帰っている。

その後の経過

二日後の二十九日に、小梅は菊江を連れて林のところへ行っている。四日後に来るようにといわれていたのに、早々に医師のところに行ったのは「ほうそう思うようにはやらず」というから、接種後の効果が明瞭に見えなかったからだろう。接種後、変化が見られない場合は、免疫が付いていないことが懸念される。この時は薬を二服もらって帰った。

四月五日、この日は医師の林仙齢が、菊江の疱瘡見舞いとして川合家を訪問しているが、これは心配して様子を見に来ていたのかもしれない。

その後、経過は良好だったようだ。十一日には、菊江の疱瘡が終わったので、赤飯を炊いて祝っている。二十七日には、菊江の母方の実家から、疱瘡祝いとして腹掛けを持ってきてくれた。

その後、五月一日、再び「うへぼうそう」のために林仙齢のところに行っている。今回は両腕で七ヶ所所ほど。これは免疫を確実に付けるための再種痘だろう。これ以降は、小梅の日記に菊江の疱瘡関係の記述は見えなくなるので、接種は無事にすんだのだろう。

ただ残念なことに、この年の七月に菊江は体調を崩してしまい、死去している。引きつけなどをくり返すが、回復するように見えた時もあったので少し期待もしたが、願いは叶《かな》わなかった。八月四日の午後二時に「命終」。小梅は「ぜひなし」と日記に書いたあとで、欄外に「大悪日」と書いた。

種痘で救われた命も少なくなかったが、それでも乳幼児の死亡率は高かったのである。

おわりに——路《みち》、最期の日

不安な噂

安政二年（一八五五）の大地震も無事に乗り越えた滝沢家の路は、安政五年（一八五八）には五十三歳（満五十二歳）となっていた。

路は、二年前から眼の不調を感じはじめており（安政三年十一月十一日）、安政五年五月二十九日には、両眼がかすんで痛みも出てきている。八月には、眼がかすんで針仕事も思うようにできない日さえあった（八月八日）。

これまで欠かすことなく書き続けてきていた日記も、「今日留守だったので日記は書かない」という日（八月三日）があったり、娘のさちに代筆させている日もあった。路も若い頃のようにはいかないともどかしく感じる日があったのだろう。

それでも七月七日には七夕を家族で祝い、十五日には精霊棚《しょうりょうだな》にお供えをし、十六日夜には送り火を焚《た》いて拝礼をしている。いつもと変わることのない日常がくり返されていた。

そんななか、八月八日に、不安になるような噂《うわさ》を耳にした。最近の流行病は、健康だった人も体調が悪くなると激しい下痢をし、腹がはって苦しんだと思うと、一日か二日であっという間に死んでしまうという危険なものらしい——という。六月二十七日頃には赤坂あたりで大流行していたようだが、最近はあちこちで聞くようになった。

コレラである。コレラ菌による感染症で、突然の腹痛と嘔吐、激しい下痢を引き起こす。死亡率も高く、感染するとわずか三日で死亡するので、「三日コロリ」といわれていた。

疫病除《よ》け

路は、京都から届いた火で、家人が出入りするところにある敷居に灸《きゆう》をすればコレラが家に入ってこないと聞いた。すると、さっそく深田大次郎の姉、よしが寺村家から届いたという京都から来た「火」を届けてくれた。その火で、すぐに当主の吉之助の足先・かかと・土踏まずに灸を据えた。また、八つ手の葉と赤い紙、杉の葉をつるせばコレラにならないとも聞いて、さっそく一同で滝沢家の門口に八つ手などをつるしている。

八月九日には、よしがコレラ除けのまじないだといって、わざわざ八つ手、赤紙を届けてくれたので、これも杉の葉と唐辛子を添えて、門口につるしておいた。厄除《やくよ》けになるなら、いくらつるしても多すぎることはないというわけだろう。

十三日には、深田大次郎が、持筒《もちづつ》同心の川井亥三郎が亡くなったと知らせてきた。南条源太郎の母も亡くなったらしい。最近は気候不順で、八月というのに朝は綿入れを着ても寒く、そうかと思えば日中は帷子《かたびら》でも暑い。朝夕の寒暖差が激しいのもよくないのかもしれない。相次ぐ訃報に接した路は、この七月中旬からは、本当に多くの人が死んでいると思い返していた。そういえば、最近は毎日、滝沢家の門前を五、六回も葬列が通っている。

また、よしと深田大次郎が、流行病を逃れるというお札《ふだ》を書いて持って来てくれた。特殊な漢字のようなもの二字を書いたもので、枕の下に敷いておき、翌日に川に流せばよいのだという。

よしは、路たちが流行病に罹《かか》らないように心配して、あれこれとまじないの品やお札を持って来てくれていたのである。翌日にもよしが流行病除けのまじない札を持って来てくれた。これには「天得天玉延命」と書いてあった。

八月十四日、路はここまでを自分で日記に書いていたが、最後の一文だけは、娘のさちによる代筆だった。八月十四日の最後に書かれていた内容、それは――。

路、体調をくずす

「十四日の夜、午前二時頃に母の路が気分がよくないといって私たちを起こすので、早々に起き出して手当てをしたところ、体調は回復したようで朝まで眠っていた」。

夜間に不調を訴えていた路は、さちの手当てで体調もよくなっていた。朝には粥《かゆ》を食べている。十五日は仲秋の名月なので、お昼にはさちと吉之助のふたりで月見だんごを作り、お供えをした。晴天なので、今晩はよい月見になるだろう。その頃には、路も起きて来られるようになっているだろうか。

しかし翌日以降も、日記はさちの手によって書き続けられ、路が再び筆をとることはなかった。

夕方から路は急に容態が悪化し、深夜二時頃には極めて深刻な状態となった。さちは、急いで飯田町にいる姉のつぎを呼びに人をやった。つぎが滝沢家に駆けつけたのは翌日の午前六時頃だ。十六日は、路を家族がつきっきりで看病していた。この日、路は、ほんの少しだけ粥に口をつけたが、それ以降は穀物を一切口にすることがなかった。滝沢家へ粥とカツオ節を持参して食べさせたのは、かつて路を目の敵《かたき》にしていた、あの林氏の妻だった。

十七日の早朝に容態が急変、午前十時を過ぎた頃に、さち、つぎ、吉之助らに見守られて、路は息を引き取った。発症からわずか三日ほど。あっという間のできごとだった。

江戸の有力町人で考証家の齋藤月岑《さいとうげつしん》は、八月十六日の日記に「コロリと云病《いうやまい》、弥《いよいよ》はやる」と記しており、八月末には安政五年（一八五八）の八月一ヶ月に江戸市中だけで一万二千人あまりが死亡したと書き留めている。路の死因もコレラだったのだろう。

路の葬儀、その後

路の死後も娘のさちが、年の暮れまで日記を書き続けているので、その後の様子もうかがえる。路の通夜は十八日に行われ、本来なら翌日にでも葬儀をすべきところだが、「友引」だからという理由で、葬儀は二十日に行われた。

路たちがコレラに罹《かか》らないようにと、毎日のようにお札やまじないの品を持って来ていた深田大次郎の姉よしは、急なことで現実を受けとめられなかっただろう。よしは、さち・路たちとは家族同然の付き合いだった。路の死後も連日のように滝沢家を訪れては、さちと雑談をして帰っている。

九月一日、夜になって突然よしが滝沢家に顔を出した。「今晩はさびしく御座候」とだけつぶやいて、滝沢家に一泊していった。

あとがき

もしも、「どこでもドア」が実用化されたなら、旅は贅沢品になるだろう。

人が移動手段として「どこでもドア」を使えるようになれば、目的地まで一瞬でたどり着くことができる。長時間の通勤や満員電車での通学をしている人には、福音となるに違いない。ただ、そうなったとしても列車や飛行機を使った旅がなくなることは、きっとないだろう。このことは、飛行機で短時間に移動ができる現代においても、時間のかかる豪華客船によるクルーズが行われていることからもわかるだろう。「どこでもドア」を誰もが使える時代になれば、わざわざ時間とコストをかけて移動する旅は、時間と財力がある富裕層だけが楽しめる贅沢品になるはずだ。

ここで、いささか飛躍した話になるのだが、近年は多くの史料や文献が電子化され、さらには全文がテキスト化されている。全文検索も可能なデータベースも少なくないから、目的のキーワードを入力して検索すれば、瞬く間に厖大《ぼうだい》な史料を検出することができる。以前のように、図書館で何冊もの史料集を積み上げ、何日もかけて特定の語彙《ごい》を探して史料をめくり続けるような作業は必ずしも必要ではなくなったのだ。図書館に行って史料を深すよりも、まずは手もとのスマートフォンで史料が電子化されていないか調べてみるような人も多くなったようだ。

かつては史料の収集だけでも何年も要した作業が、短時間で効率的にできるようになった。もちろん、その恩恵を私自身もうけている。便利なものは使えばいいとは思う。時間とお金をかけて史料や図書を閲覧に行っても、空振りに終わることもあるのだから。

そうはいっても、史料を見に行って空振りだった時も、それが時間の無駄だったと感じたことはほとんどないということも事実だ。初めて目にする史料を手に取って、ドキドキしながらページをめくる経験は、それ自体が何物にも代えがたいものだ。

史料検索で目的の語彙にたどり着くというのは、「どこでもドア」で一気に目的の語彙に到達するようなものだ。便利なのだけれど、それだけでいいのだろうかと思うことも多い。

なにより、史料の書き手の気持ちを想像し、時代の空気を感じながら、史料を最初からゆっくりと読み進めることでしか得られないものがあるはずだから。それに、史料を読み進めていく過程で、予想もしていなかった疑問と出会い、そこから新しい発見につながっていくことも多い。長期間にわたる大部《たいぶ》な日記などは、読み進めているうちに書き手の人生を追体験しているような気になり、読み終わる頃には友人を失ったような寂しさを感じる。とにかく、史料の世界に没入し、あれこれを考えている間は、本当に楽しい時間だ。

「検索」が、実用化された「文献のどこでもドア」なのだとしたら、史料をたんねんに読み進めていくような時間と手間のかかる行為は、既に贅沢品になっているのかもしれない。専門の研究者でさえ、今や業績主義に追われ、短時間にどれだけ多くの成果を上げているかが問われるようになりつつあるのだから。

それでも、歴史に関心を持つ人には、ぜひともこの贅沢を楽しんでもらいたい。特に、これから歴史を学ぼうという人たちには、たとえ無駄に見えても、時間のあるうちにひとつの史料と向き合って、じっくり史料を読んでみてほしいと思う。歴史研究においては、発見も冒険も史料のなかにある。だから、是非とも史料を読むことの面白さや、学問としての歴史学の楽しさに触れてほしい。

本書は、史料を読むなかで目に触れた、「検索」ではたどり着けないような小さなエピソードばかりを紹介している。旅の途中で思いがけない出会いをしたり、寄り道を楽しんだり、ガイドブックにも載っていないような小さな名店を不意に見つけたような、そんな小さな「贅沢」を楽しんでいただけたらと思って書いてみた。

この目論見《もくろみ》が成功したかどうかは、読者の判断を待つしかないが、本書を書くためにあらための史料を読み直していた時間は本当に楽しかった。その楽しさの一端だけでも、お伝えできていれば嬉しい。

本書はいつもお世話になっている創元社の山口泰生さんから、高校で学ぶ歴史と大学で学ぶ学問としての歴史学の間に、橋を架けるようなわかりやすい入門書を書きませんか、とお誘いいただいたことに端を発している。桜の咲いた頃、京都のある喫茶店でのことだ。そういったことは考えたこともなかったので、最初は随分と迷ったものだ。そんななか、ふと思いついたのが、史料を読むことを通して歴史を再構成するという学問としての歴史学の基本に帰ることであった。全くの偶然だが、三月に古書店で『路女日記』を購入していた。本書で取り上げた「サク女日記」は、勤務先で三年次生を対象とした史料講読のテキストとして使ってきていた。書き手が受講生の年齢に近い女性だということもあってか、あとになっても印象に残っているといってくれる学生さんも少なくなかった。

こうして、女性の日記から小さなエピソードを紡いでいくというアイデアが浮かんだ。本書は創元社さんからのお誘いと、「サク女日記」などの講読に付き合ってくれた受講生がいなければ、決して生まれなかっただろう書物である。

ようやく本書の構想が固まり、本格的な執筆に取りかかったのは大型連休が明けた頃だ。夏期休暇中には、ほかの仕事の合間を縫いながら執筆作業を続けていた。きっと山口さんが当初考えていたものとは大きく隔たったものになってしまったのではないかと思うが、なんとか八月末までには草稿を書き終えることができた。終わってみると、史料の世界にどっぷり浸かり、書き手の人生を追体験しているような約四ヶ月は、それなりに大変だったけれども、想像以上に楽しかった。路、小梅、サクや峯といった、個性的で魅力あふれる女性たちの生活を想像しながら、何度となく史料を読み返したことは、史料を読むことの面白さと難しさを再確認するよい機会になった。

貴重な史料を遺《のこ》し、伝えてこられたすべての人には、深甚《しんじん》の感謝を述べておきたい。また、本書の執筆が可能になったのは、史料の価値を見いだし、丁寧な翻刻作業を経て活字化し、共有財産としてくれた先学がいてくれたからこそであり、その学恩には心から感謝している。また、執筆の過程では多くの先行研究を参照させていただいた。先学の道案内があったからこそ、史料を読み、理解することができた。多くの文献に助けられているが、本書の性格上、巻末の参考文献一覧では主要な文献の掲載にとどめ、多くを割愛せざるをえなかった。この点は、どうかご容赦いただきたい。

本書を執筆する過程では、いつも以上に妻の手を煩《わずら》わせた。項目のアイデアから内容、校正作業と最後まで伴走してもらうことになった。

最後は、赤毛のアンと同じように、次の言葉をつぶやいておこう。「神、そらに知ろしめす。

すべて世は事も無し。」（ロバアト・ブラウニング「春の朝《あした》」・上田敏訳『海潮音』新潮文庫、一九五二年）

二〇二四年十月十七日

村上紀夫

❖引用史料・主要参考文献

全体に関わるもの

「日知録」（『和歌山市史』第五巻「近世史料一」、和歌山市、一九七五年）
「サク女日記」（『羽曳野市史』第五巻「史料編三」、羽曳野市、一九八三年）
志賀裕春・村田静子校訂『小梅日記』全三巻、平凡社（東洋文庫）、一九七四〜七六年
「小梅日記」（『和歌山県史』「近世史料二」、和歌山県、一九八〇年）
『路女日記』木村三四吾編校（私家版）、一九九四年
柴田光彦・大久保恵子編『瀧澤路女日記』全二巻、中央公論新社、二〇一二〜一三年
柴田光彦編『曲亭馬琴日記』全四巻・別巻、中央公論新社、二〇〇九〜一〇年
高牧實『馬琴一家の江戸暮らし』中央公論新社（中公新書）、二〇〇三年
藪田貫『男と女の近世史』青木書店、一九九八年
和歌山市史編纂委員会編『和歌山市史』第二巻「近世」、和歌山市、一九八九年
小野武雄編著『江戸物価事典』展望社、一九八八年
長谷川貴彦編『エゴ・ドキュメントの歴史学』岩波書店、二〇二〇年

第一章

「菊地民子日記」(「女の史料『菊地民子日記』」『江戸期おんな考』第六号、一九九五年)
喜多川守貞『近世風俗志　第四巻（守貞謾稿）』宇佐美英機校訂　岩波書店（岩波文庫）、二〇〇一年
「沼野家定書」(和歌山市史編纂委員会編『和歌山市史』第五巻「近世史料Ⅰ」、和歌山市、一九七五年)
「和歌山風俗問状答」(中山太郎編著『校註諸国風俗問状答』パルトス社、一九八九年)
和漢三才図会刊行委員会『和漢三才図会』全二巻、東京美術、一九七〇年
市古夏生・鈴木健一校訂『新訂　東都歳事記』上巻、筑摩書房（ちくま学芸文庫）、二〇〇一年
鵜澤由美「近世における誕生日――将軍から庶民まで　そのあり方と意識――」(『国立歴史民俗博物館研究報告』第一四一号、二〇〇八年)
木下聡「中世における誕生日」(『日本歴史』八〇四号、二〇一五年)
常光徹『日本俗信辞典　衣裳編』角川ソフィア文庫、二〇二一年
正岡子規『墨汁一滴』岩波書店（岩波文庫）、一九二七年
宮田安「誕生日を祝うこと」(『日本歴史』四六三号、一九八六年)
『江戸近世暦』日外アソシエーツ株式会社発行・紀伊國屋書店発売、二〇一八年

第二章

安達喜之ほか『金魚そだて艸』弘化三年刊（一八四六）国立国会図書館デジタルコレクション（https://dl.ndl.go.jp/pid/2540514）
「下女給銀かし控帳」（和歌山市史編纂委員会編『和歌山市史』第五巻「近世史料Ｉ」、和歌山市、一九七五年）
種屋（西谷家）代々覚（羽曳野市史編纂委員会編『羽曳野市史』第五巻「史料編三」、羽曳野市、一九八三年）
種屋惣勘定帳（羽曳野市史編纂委員会編『羽曳野市史』第五巻「史料編三」、羽曳野市、一九八三年）
木村三四吾他編校『吾佛乃記』八木書店、一九八七年
桐野作人・吉門裕『増補改訂　猫の日本史』戎光祥出版、二〇二三年
鈴木克美『金魚と日本人』講談社（講談社学術文庫）、二〇一九年
鈴木棠三『日本俗信辞典　動物編』角川ソフィア文庫、二〇二〇年
常光徹『日本俗信辞典　衣裳編』角川ソフィア文庫、二〇二一年
藪田貫「女性と地域社会」（藪田貫・奥村弘編『近世地域史フォーラム二　地域史の視点』吉川弘文館、二〇〇六年）
山川菊栄『武家の女性』岩波書店（岩波文庫）、一九八三年
近世経済データベース　https://www.rieb.kobe-u.ac.jp/project/kinsei-db/

第三章

『嘉永雑記』(国立公文書館　請求記号一五〇―〇一七〇)
『近世庶民生活史料 藤岡屋日記』全十五巻、三一書房、一九八七～九五年
『叢書京都の史料二　若山要助日記　下』京都市歴史資料館、一九九八年
『城陽市史』第四巻、城陽市、一九九六年
市古夏生・鈴木健一校訂『新訂　東都歳時記』上巻、筑摩書房(ちくま学芸文庫)、二〇〇一年
井上勝生『日本の歴史一八　開国と幕末変革』講談社(講談社学術文庫)、二〇〇九年
今井金吾校訂『定本　武江年表』下巻、筑摩書房(ちくま学芸文庫)、二〇〇四年
倉地克直『江戸の災害史』中央公論新社(中公新書)、二〇一六年
国立史料館編『史料館叢書九　大塩平八郎一件書留』東京大学出版会、一九八七年
東京市編『東京市史稿』変災編第五、東京市、一九一七年
西垣晴次『ええじゃないか』講談社(講談社学術文庫)、二〇二一年
水戸市史編さん委員会編『水戸市史』中巻四、水戸市、一九八二年
藪田貫『大塩平八郎の乱』中央公論新社(中公新書)、二〇二二年
和歌山市史編纂委員会『和歌山市史』第三巻「近現代」、和歌山市、一九九〇年

第四章

志水軒朱蘭『疱瘡心得草』寛政十年刊（一七九八）国立国会図書館デジタルコレクション（https://dl.ndl.go.jp/pid/2539520）
橘南谿『痘瘡水鏡録』天明元年刊（一七八一）国立国会図書館デジタルコレクション（https://dl.ndl.go.jp/pid/2541406）
鬼頭宏『日本の歴史一九　文明としての江戸システム』講談社（講談社学術文庫）、二〇一〇年
H・O・ローテルムンド『疱瘡神――江戸時代の病いをめぐる民間信仰の研究――』岩波書店、一九九五年

❖図版典拠一覧

図 1-1　楊洲周延『江戸風俗十二ケ月の内　正月　万歳説之図』(部分) 1890 年、国立国会図書館デジタルコレクション https://dl.ndl.go.jp/pid/1307022/1/3

図 1-2　齋藤月岑ほか『江戸歳事記』巻 3「秋之部」国立国会図書館デジタルコレクション https://dl.ndl.go.jp/pid/8369318/1/4

図 2-1　月岡芳年『風俗三十二相　うるささう　寛政年間処女之風俗』国立国会図書館デジタルコレクション https://dl.ndl.go.jp/pid/1306478

図 2-2　安達喜之ほか『金魚そだて艸』国立国会図書館デジタルコレクション https://dl.ndl.go.jp/pid/2540514/1/7

図 2-3　安政 6 ～ 7 年金銀相場　近世経済データベース (https://www.rieb.kobe-u.ac.jp/project/kinsei-db/) のデータにより作成

図 3-1　蒸気船本名フレガット（東京大学大学院情報学環附属社会情報研究資料センター / 情報学環・学際情報学府図書室所蔵・小野秀雄関係資料かわら版）

図 3-2　大地震火事略図・部分（東京大学大学院情報学環附属社会情報研究資料センター / 情報学環・学際情報学府図書室所蔵・小野秀雄関係資料かわら版）

図 4-1　北尾政美『女今川躾糸』国立国会図書館デジタルコレクション https://dl.ndl.go.jp/pid/13393309/1/18

図 4-2　西川祐信『百人女郎品定』国立国会図書館デジタルコレクション https://dl.ndl.go.jp/pid/2541151/1/58

図 4-3　志水軒朱蘭『疱瘡心得草』国立国会図書館デジタルコレクション https://dl.ndl.go.jp/pid/2539520/1/5

図 4-4　和山楢林潜宗建『牛痘小考』国立国会図書館デジタルコレクション https://dl.ndl.go.jp/pid/2539159/1/7

著者略歴

村上紀夫（むらかみ・のりお）

1970年愛媛県今治市生まれ。大谷大学大学院文学研究科博士後期課程中退、博士（文学・奈良大学）。現在、奈良大学文学部史学科教授。

著書に『怪異と妖怪のメディア史―情報社会としての近世』、『江戸時代の明智光秀』、『歴史学で卒業論文を書くために』（以上、創元社）。ほかに、『近世京都寺社の文化史』（法藏館）、『まちかどの芸能史』（解放出版社）、『文献史学と民俗学―地誌・随筆・王権』（風響社）などがある。

［史料《しりょう》で読《よ》む庶民《しょみん》の暮《く》らし］

幕末女性《ばくまつじょせい》の生活《せいかつ》

日記《にっき》に見《み》るリアルな日常《にちじょう》

2025年3月20日　第1版第1刷発行

著　者　村上紀夫

発行者　矢部敬一

発行所　株式会社 創元社

https://www.sogensha.co.jp/

本社　〒541-0047 大阪市中央区淡路町4-3-6

Tel.06-6231-9010　Fax.06-6233-3111

東京支店　〒101-0051　東京都千代田区神田神保町1-2 田辺ビル

Tel.03-6811-0662

印刷所　株式会社 太洋社

ISBN978-4-422-20184-9 C0021

創元社の本

マンガでわかる考古遺跡発掘ワーク・マニュアル
今井しょうこ［著］
植田真［監修］

一見地味に見える仕事を楽しく深掘りする、職業としての発掘ガイド。
A5判・並製・160頁・定価（本体1400円＋税）

マンガでめぐる考古遺跡・博物館
今井しょうこ［著］

個性的な博物・資料館をロードムービータッチに描く、コミックエッセイ。
A5判・並製・160頁・定価（本体1400円＋税）

武蔵野地図学序説
芳賀ひらく［著］

旧石器・縄文時代から現代まで、様々な地図を手掛かりに地歴を読む。
A5判・並製・216頁・定価（本体3000円＋税）

＊価格は2025年2月末現在のものです。